아버지의 종착역

아버지의 종착역

초판 1쇄 발행 2022년 1월 20일

지은이 조종길
펴낸이 장길수
펴낸곳 지식과감성#
출판등록 제2012-000081호

교정 김우연
디자인 정윤솔
편집 정윤솔
검수 김혜련, 이현
마케팅 고은빛, 정연우

주소 서울시 금천구 벚꽃로298 대륭포스트타워6차 1212호
전화 070-4651-3730~4
팩스 070-4325-7006
이메일 ksbookup@naver.com
홈페이지 www.knsbookup.com

ISBN 979-11-392-0269-4(03810)
값 12,000원

- 이 책의 판권은 지은이에게 있습니다.
- 이 책 내용의 전부 또는 일부를 재사용하려면 반드시 지은이의 서면 동의를 받아야 합니다.
- 잘못된 책은 구입하신 곳에서 바꾸어 드립니다.

지식과감성#
홈페이지 바로가기

아버지의 종착역

조종길 지음

숱한 비밀을 간직한 산사에서
바람이 연주하는 맑은 풍경소리가
은은하게 퍼져나간다.

──────── 작가의 말 ────────

　영하의 혹한 속에서 봄을 꿈꾼다. 봄의 시작을 알린다는 산수유처럼 봄은 노란색이 제격인 듯싶다.
　몇 년 전 지리산 자락의 구례 산수유 마을에서 한나절 산수유 정취를 만끽하고 매화를 보러 광양으로 향했다. 눈 속에서도 두려움 없이 의연히 피어난다는 매화는 사군자 중의 으뜸이다.
　선비들의 글에 단골로 등장하는 설중매는 고귀하다.
　조선의 선비 중 매화 사랑이 각별했던 퇴계 이황은 107편이나 되는 매화에 관한 시를 남겼다고 한다.
　"저 매화나무에 물을 주라."
　70세의 일기로 생을 마감하면서 남긴 유언에서 보듯 대단한 매화 사랑이다.

　어느덧 일흔 성상(聖像)에 닿은 세월을 돌아보며 남은 생을 정리하고 싶었다. 살아온 과정도 소중하나 어떻게 生을 마무리하는가도 중요한 과제로 남는다.
　그동안 틈틈이 써 모은 심상의 편린들을 묶어내기로 용기를 냈다. 졸작의 부끄러움을 견디고 나면 한층 더 성숙한 자아(自我)가 내 안에 깃들기를 소망한다.

2022.01. 제천에서
조종길

목차

작가의 말   4

-1부-

유유상종(類類相從)	10
담금질	16
아내의 이름은 복순 씨	23
소낙비와 무지개	26
바람 소리	29
어부바	34
아버지의 종착역	37
느티나무	40
백신	43
벚꽃 엔딩	46
나의 아버지	49
운동화의 추억	55
잘 가세요 장모님	59
내 소녀 어디 갔을까	62
안경을 벗고	68
다람쥐가 주는 교훈	72
세 가지의 소원	74
담배꽁초의 폐해	77

-2부-

구름이 흘러가는 곳	80
반면교사	82
여름비	85
정지용 문학관	86
겸손한 고양이	88
나의 소속	91
배롱나무	94
일편단심(一片丹心) 민들레	97
다람쥐 쳇바퀴 돌리기	99
덕구 생각	101
이심이체(二心異體)	104
그대 있음에	107
부부의 데이트	109
거미집	112
퍼블릭 골프장	115
베론 성지를 찾아서	118
뽕잎의 추억	121

−3부−

노인과 어른	126
연둣빛 눈짓	128
이끌림의 미학	131
내조의 힘	134
이성계와 무학과 걸승	136
해거리	144
그리운 사람	146
내 밥그릇 챙기기	147
아름다운 꽃	152
고독사(孤獨死)	154
참새구이	157
고압선 위 새가 안전한 이유	160
망년(忘年)	163
천둥 번개의 가치	166
진실은 강력한 무기다	170
위계질서(位階秩序)	176
벌초하던 날	178

-4부-

나는 루저다	184
노년에 필요한 것	187
덕조(德鳥)	189
건강한 학교	191
넌 대단해	194
새해 첫날에	195
불완전한 사랑	198
분노에 관하여	201
이별이 하도 서러워	205
도둑들	208
누레오치바	211
흰머리 감추기	213
장인어른	216
술잔 들고 물장구 치고	221
태영이 전화	223
그림엽서	226
바람의 연주	228
작품해설	232

1부

유유상종(類類相從)

 얼마 전 휴일을 맞아 모처럼 집사람과 같이 포항에 있는 손주들을 보러 갔다. 주말인데도 교통량이 적어 속도 감각을 무디게 하는 중앙고속도로로 접어들었다.
 단양을 지나 아직은 터널의 최장 길이가 우리나라에서 다섯 손가락 안에 드는 긴 죽령터널로 접어든다.
 옛날 선비들이 청운의 깊은 뜻을 품고 한양으로 과거를 보러 갈 때 짚신 몇 켤레 꿰어 차고 죽장에 삿갓 쓰고 굽이굽이 넘어야 했던 영남의 관문이라 생각하니 쾌속으로 질주하는 속도감에 목마른 나는 과연 이 시대의 반항아인가?
 교차로 영주를 지나 안동을 거쳐 군위에서 갈라지는 상주와 영덕 간 고속도로는 그야말로 거칠 것이 없다. 한산한 길이다.
 동행하는 와이프는 이제 지쳤는지 속도 좀 줄이라는 잔소리가 침묵으로 변해버렸다. 체념한 모양이다.
 "운전기사가 운전을 잘하는 건지, 차량이 성능이 좋아서 잘 달리는지."
 넌지시 한마디 던져본다. 무슨 말을 기대하는 건지 이유 없이 던지는 말에
 "당신같이 달리는 사람이 어디 있냐!"

그런가? 이 나이에 160km로 달리는 망령 난 늙은이가 정말 있던가?

그래 누가 뭐라든 내 습관이니까 달리자. 평소처럼 질주 본능으로 이렇게 철없이 달리는 신랑이 언제까지 당신을 위해 봉사할지, 지금이 좋은 거야.

한 시간 후면 한 달 만에 내 귀여운 손자와 손녀를 만난다는 설렘에 들떠 있었다.

아무튼 시간은 가고 무사히 아들 집에 도착하면 주차장에 나와 기다리고 있을 내 새끼들을 얼른 안아봐야지… 볼에 뽀뽀도 해주어야지… 누구부터 해줄까….

손자 녀석 먼저 안아주면 손녀딸이 삐질 것만 같다. 어쩐다….

별 쓸데없는 갈등을 하며, 주차하고 내리니 품에 착 안기는 녀석들이다.

두 놈을 양팔에 품고 얼굴을 볼에 비비니, 손녀딸 왈 "할아버지! 수염 없어요? 우리 아빠는 수염이 많아 뽀뽀할 때 따가운데" 한다.

내가 네 아빠를 낳은 아버지인데 왜 나는 수염이 없겠냐만, "할아버지는 우리 서윤이 민성이 뽀뽀해 주려고 면도했잖니…."

귀여운 내 새끼들 왜 이리 예쁠까?

그런데, 옆에서 마누라 왈 "서윤아 할아버지는 수염을 다 뽑아서 없단다."

여기에 한술 더 떠 손자 놈이 하는 말이 걸작이다.

"할아버지 수염 뽑으면 안 아파요? 우리 아빠는 매일 면도하는데 할아버지도 면도하세요. 면도기 우리 집에 많은데."

뭐라고 대답해 주어야 할까 할 말이 없다.

각설하고 트렁크에 싣고 온 우리 손주들 좋아하는 고기, 굴비 등등 준비해 간 보따리를 바리바리 내린다.

굴비는 나도 좋아하는데 나는 한 번도 안 해주면서 손자들 먹인다고 아껴두었던 모양이다.

신랑보다 자식새끼가, 자식보다 손주들이 더 소중하고 사랑스러운 모양이다.

"민성아! 네 할아버지는 집에 오면 매일 족집게 가지고 수염 뽑는 게 일이다."

"이 사람아 누가 물어보나? 쓸데없는 소리만 하냐!"

핀잔 아닌 핀잔이지만, 옆에서 보는 자신이 무척 불만이었나 보다.

"아버지 한두 개도 아니고 아파서 수염을 어떻게 뽑아요. 면도하면 간단한데."

이놈들 봐라. 옆에서 모자가 합세하여 며느리 앞에서 시아버지 망신을 주네.

"처음에는 아파서 몇 개만 뽑았는데 손으로 턱 주변을 자주 만지다 보면 감촉이 안 좋아, 한 번 두 번 습관이 되어 지금은 얼마 남지도 않은 수염이라 으레 뽑게 되더라."

궁색한 변명을 한다. 이게 무슨 큰 이슈라고 난리람.

그랬다. 사람들의 습관이란 묘하다.

좋은 면도기 몇 개씩 꽤나 비싼 값으로 구매해 놓고 몇 번 사용해 보지도 못하고 퇴근하면 세안 후 거울 앞에 앉아 족집게를 든다. 그동안 몇 개씩 바꾸어 가며 구입해 수염을 뽑곤 했다.

습관처럼 손으로 턱을 만져가며 뽑노라면 와이프는 턱 주름 늘어난다며 못 뽑게 한다.

그것도 일반 거울로는 잘 보이지 않아 오목 거울 확대경을 산업용 판

매상에 가서 구입했더니 땀구멍까지 세밀하게 보였다.

이런 습관 때문에 와이프의 잔소리는 계속되었다.

나이 들면 게을러져 추해지니 피부며 머리며 옷이며 코디를 잘해야 된다고 항시 챙겨주는 아내였다. 본인 자신에게는 투자하지 않으면서 나에겐 이것저것 준비해 주는 와이프가 왜 고맙지 않겠냐마는 잔소리는 사양하고 싶다.

남의 집 남편들은 얼굴에 로션 하나 바르는 걸로 끝인데 우리 신랑은 너무 바르고 가꾸는 것이 보기 좋단다. 로션, 스킨, 마사지 크림, 주름 제거용 크림 등 이것저것 사주면서 제발 와이프가 사용하는 화장품은 손대지 말란다.

하기야 내가 소비하는 화장품이 아마 와이프가 사용하는 양의 배 이상이니 그럴 수밖에 없으리라.

한번은 내가 살고 있는 제천의 아파트에 공간이 좁아서 창고에 물건을 넣으려고 정리하는데 낯선 박스가 있다. 내용물이 궁금해서 열어보니 기능성 화장품이 가득하다. 와이프가 내가 헤프게 쓰니 떨어지면 하나씩 내주려고 보관하였나 보다 생각하니 조금은 미안한 마음이 들었다.

와이프의 깊은 뜻이려니 생각되어 하나를 꺼내 화장대 위에 놓고 사용했다.

금요일 저녁에 내려온 와이프가 난리다. 남자가 여자들 쓰는 비싼 기능성 화장품을 쓴다고 자기도 비싸고 아까워서 아껴 쓴다고 했다. 행여 내가 쓸까 봐 숨겨놓은 거라고 한다. 그래서 남자용 기능성 화장품을 별도로 구입해 주곤 했단다.

겨우 하룻저녁을 손자 손녀들과 지내려고 불원천리를 달려온 길이지만 한 달에 한 번, 그것도 내 맘대로 오지도 가지도 못하는 요즈음의 세태다.

전화로 물어봐야 되고, 그래도 며느리는 이유야 어쨌든 언제든지 오시란다. 빈말이라도 고마운 마음이다.

자식과는 또 다르다. 속마음이야 알 수 있으랴.

그런데 내 새끼는 무슨 약속이 있고 어쩌고 하니 제 엄마는 서운하단다. 얼마나 냉정한지 지 마누라와 상의해서 알려준다나….

나쁜 놈 어떻게 키운 새끼인데… 자식에 대한 서운함이 앞서는 모양이다. 이해가 간다. 이래서 자식보다 부부가 좋은 거 아니던가.

나야 가부장적인 성격이 아직까지는 남아 있는지라 자식 집에 내가 보고 싶은 내 손자 손녀 보러 가는데 무슨 허락받고 갈까 싶다. 하여 가고 싶으면 일방적인 통보만 하고 출발한다. 못 말리는 무식한 시아버지다.

그러나 와이프는 매사에 조심스럽단다. 요즈음 세대는 우리와 다르다고 극구 나를 만류한다. 그래도 우리 애들같이 착한 부부가 없단다. 고집 부려 언제든 내려가도 받아주는 그런 자식들이 어디 있느냐고 한다.

다른 자식들은 1년에 몇 번 자식 얼굴 손자들 얼굴 보여 준다나….

우리는 그래도 내 마음대로 하니 얼마나 다행인가.

이제 소주나 한잔해야겠다.

아들 내외가 죽도시장에서 준비한 싱싱하고 푸짐한 회 한 접시가 안주로 준비되어 있다. 마누라 소주 1병, 아들놈 소주 2병, 며느리 소주 1병, 나 소주 2병, 카스 맥주 4병이 우리 가족의 총 주량이다.

여기에 손자들 키워주는 우리 동갑내기 안사돈도 소주 1병이다.

우리는 이렇게 만나면 그동안 쌓였던 회포를 푼다. 손자들은 좋아하는 북어찜에 밥 먹으며 부산하게 움직인다. 세상 사는 이야기를 나누며 마시는 이 분위기에 취하고 싶어 포항 자식 집에 가는 재미가 있다.

제천에서 포항까지 왕복 4시간 350km를 달리는 이 생활이 언제까지 이어질지 모른다. 광기 어린 질주를 즐기는 나는 항상 마누라에겐 철부지 남편이다.

누가 이 나이에 마누라 태우고 시속 160km로 달리는 사람 있으면 나와 보라고 해.

당신 시집 잘 온 거여, 혼자 중얼거린다.

술 잘 먹고 주사 없고, 언제든 차 잘 태워주고 다른 사람 차는 답답해서 못 타겠지.

"아니 저 차는 왜 이리 1차선만 고집한대. 앞에 차도 없는데 왜 안 달리는 거야. 여자야? 아니 남자가 뭐 저래."

혼잣말로 핀잔을 주는 와이프의 잔소리는 쓴웃음을 짓게 한다.

남편의 쾌속 질주를 걱정하면서도 한편으론 그래도 좋다고 깔깔대는 모습을 보니 아내는 영원한 부창부수(夫唱婦隨)를 준수하며 살 것이다.

담금질

  길옆 옥수수밭 옥수수 꽃대가 성장을 멈추고 힘없이 흐느적거린다. 하루 이틀 사이에 비가 내리지 않으면 옥수수 수확은 어림도 없을 것 같다.
  오래전의 일이 되어버렸지만 휴가 때는 항시 시골집으로 피서 겸 가서 밀짚모자를 쓰고 와이프와 논으로 향했다.
  벼 포기 사이에 있는 피사리를 하기 위해서였다.
  시골에 사시면서도 항시 남의 일에만 우선적으로 헌신하시는 아버지는 늘 어머니의 긴 잔소리를 들어야 했다. 내 집일은 뒷전이고 소주 한 잔 얻어 마신 아버지는 해가 중천에 뜰 때까지 코를 골아가며 주무시는 태평한 분이시기에 집안이 조용할 날이 없었다.
  이렇기에 우리 논에는 벼 포기보다 피가 우뚝우뚝 솟아 있어 남 보기도 흉하여 휴가나 휴일에는 항시 시골집으로 일하러 가는 그런 때가 많았다.
  오랜 가뭄으로 논바닥은 실금이 가도록 말라 있었다. 농사용 전기 스위치만 올리면 지하수가 펑펑 솟아오르는데 왜 벼를 목마르게 하는지 그때는 몰랐다.
  와이프가 걸어가며 중얼거린다. "시골 살면서 제때 피 뽑고 비료도 주고 농약 방제도 하면 이렇게 보기 흉한 논농사는 안 될 텐데. 논두렁이나 좀 깎든지….”

게으른 우리 부모님을 욕하는 듯하였다.

목이 마르다. 물병에 생수를 가지고 가면서 한 모금 마셔 본다. 갈증이 가시는데 '그래, 어디 저 갈라진 논에 심어진 벼 포기처럼 왜 벼를 목마르게 하는지 자기도 목 좀 말라 봐야 말 못 하는 벼의 고통을 알지' 싶어 가지고 있는 생수 통을 뒤로한 채 말없이 걸었다.

논에 뽕나무를 키워 누에를 친다고 귀농한 사람들이 집을 짓고 아들과 살고 있다. 가끔 산소 갈 때 지나다 들렀다.

그늘이 없어 쉬어 가려고 집으로 들어가 할머니를 불러도 기척이 없다. 밖으로 나와 헛간 속에 있는 의자 위에 앉았다. 해가림 천장만 있고 훤히 틔어 있으니 시원한 바람이 사방에서 불어왔다.

잠시 후 흰색 자가용이 미끄러지듯 들어와 주차를 한다.

차 문이 열리고 할머니가 보였다. 할머니의 아들인 듯한 남자가 운전석에서 내렸다. 아들이 뒷좌석의 차 문을 열어주는데도 할머니는 내릴 생각이 없어 보였다.

나는 할머니 쪽으로 걸어가 인사를 했다. 할머니의 힘없는 대답이 겸연쩍게만 느껴진다.

할머니는 발에 깁스를 하고 계셨다.

내가 다리 한쪽을 들어드리니 그제야 할머니는 간신히 차 밖으로 한 발을 내디뎠다. 아들이 차 문을 닫아야 하니 빨리 옆으로 가라고 성화를 한다.

할머니가 땅바닥으로 쓰러지셨다. 보조 보행 기구를 잡게 해드리고 대문 앞까지 보살펴 드렸다.

아들은 쓰러진 어머니는 챙기지도 않고 집에 들어가 코빼기도 보이지 않는다.
논 쪽을 향해 집사람을 쳐다보았다. 얼굴 씻는 집사람의 모습이 들어온다.
수건을 가져다주고 논을 바라보니 물을 위 논에서 대는 걸 거들어 주고 있다.
내가 해야 할 일을 좀 그늘에서 쉬라고 남편이라고 배려해 주는 모양이다. 미안한 마음에 내려가 같이 호스를 끌어다 거들어 준다.
와이프가 농사에 대한 지식이 없는 나에게 들어보란 듯이 이야기한다.
이런 가뭄에 쓰려고 양수기를 설치한 것이 아니냐. 이럴 때 물을 뽑아 올려 갈라진 논에 물을 대면 갈라진 논바닥에서 벼도 갈증이 해소되고 좋은데 왜 그냥 보고만 있는지 궁금해서 나에게 물어보려 했는데 그 이유를 이제야 알겠다고 한다.
흔히 시골에 논밭이 있어 직접 농사를 지어본 적이 없는 사람들은 이렇게 자기처럼 의구심을 가지고 무조건 양수기로 물을 가득 채워주려고만 한단다. 그러다 보면 벼가 싱싱하게 키만 자라 누렇게 잎이 마르고 여름이 지나면서 비바람에 힘없이 넘어져 수확기에 누런 벼가 쓰러지고 엉켜 수확물이 없는 빈 쭉정이만이 돌아온다는 것을 안다고 한다.
옆 논에 물을 대고 물을 빼면 자기네들도 물을 대고 빼는 것을 따라서 할 수밖에 없다고 한다.

논을 말리는 이유는 모든 자연은 담금질이 필요하듯 벼도 담금질을 시키는 거라고 알려준다. 논에 물을 빼주면 벼 뿌리들이 물을 찾아 깊게 내리박히게 되면서 태풍이 와도 견딜 수 있게 하는 것이라고 했다. 즉 벼가 목마름을 견디고 스스로 살길을 찾을 수 있도록 자립심을 키워주는 것이다.

할머니 댁에 들러 잠시 쉬었다 가기로 하고 집사람에게 인사를 시켰다. 다음에라도 혼자 올 때 쉬었다 갈 수 있는 길을 열어주기 위함에서였다.

할머니와 인사를 하고 여러 가지 이야기를 나누었다. 할머니는 아들이 안타깝다는 듯한 표정으로 논에 심어놓은 뽕나무를 바라보며 담금질 이야기를 하셨다.

할머니가 젊어서 농사를 지을 때는 벼가 익는 시기를 지켜보며 정확하게 논에 담금질을 해주었는데 자식을 키우는 일은 생각한 것 같지 않았다고 했다.

논에 물을 대고 빼는 것처럼 아들도 때로는 야단도 치며 바르게 키워야 했는데 귀하게만 키워 버릇이 없다고 했다.

할머니의 아들 이야기를 들으며 우리 아들을 생각했다.

나는 아들 하나만을 두고 건설 현장을 밤낮없이 누비고 다니며 직장 생활을 천직으로 알고 살았다.

아이에게 아버지의 손길이 필요힌 시기에도 가장이라는 핑계로 돈만 벌어다 주면 다 되는 줄 알았다. 돈만 있으면 처자식이 행복한 줄 알았던 못난 가장이었다.

나는 아이에게 담금질을 해주지 못하고 살아왔다. 아이에게 아버지의 자리를 채워주지 못했지만 다행히 아들놈은 반듯하게 잘 자랐다.

항시 바쁜 나의 일상을 보고 자란 아들놈은 친구들과 어울려 스스로 담금질을 하며 어려운 상황을 대처하는 슬기로움을 배운 것 같다.

할머니와의 아쉬운 인사를 하고 우리 형제가 나고 자란 시골 고향집으로 갔다. 마을 입구에 주차를 하고 동네 한 바퀴를 돌아보았다.

수십 년 풍상을 겪은 낡고 허름한 빈 집들이 곳곳에 보이는 마을은 조용하고 낯설기만 하다.

우리 집 감나무가 가지를 늘어뜨리고 무더운 이 여름을 지탱하고 노익장을 과시하는 듯하다.

뒤뜰 장독대를 돌아 조그만 텃밭에는 몇 그루의 옥수수가 꽈배기처럼 배배 꼬여 몸통까지 돌아간다.

터질 듯이 잘 익은 토마토와 통통한 가지를 따서 와이프에게 건넸다.

오이의 오돌오돌한 것을 손으로 털어내고 한입 입 안에 넣고 씹으니 쓴맛이 강하다. 오이도 가뭄에 담금질을 했나 보다.

대문을 나서다 다시 보니 이런… 우리 집인데 우리 집이 아니다.

서울에서 내려와 시골 생활을 즐기고 있는 젊은 새댁에게 집 관리를 하며 잘 살아달라고 세를 준 집이다. 와이프나 나나 주춤거리며 어리둥절해한다.

잠시 고향에 대한 향수에 이런 착각을 하다니…

와이프와 겸연쩍게 웃고 말았다. 그런데 대문은 활짝 열어놓고 어디 갔는지 사람의 인기척이 없다.

어디 시장에라도 갔나? 기다리다 수돗가에서 늘어져 있는 고무호스를 끌고 장독대 있는 텃밭으로 끌고 갔다. 길이가 꽤 긴 것을 보면 이 새댁도 텃밭에 물을 자주 주었던 모양이다.

수돗물을 틀라고 와이프에게 소리쳐 이야기하고 오이에 물을 흠뻑 주었다. 금방 푸른빛이 감돌았다. 금방 오겠지 하며 새댁을 기다렸는데 소식이 없다. 이웃집 모두가 조용하다. 인기척들이 없는 것을 보니 바쁜 농사일에 모두 모자란 일손을 도우러 나갔나 보다.

한참 이곳저곳 둘러보는데 아들놈에게서 전화다. 어떻게 지내느냐는 안부 전화다. 올해 퇴직 계획은 변함이 없느냐고 물어본다.
칠순 때는 가족 여행을 한번 가자고 하는데 괜한 핀잔을 주고 말았다.
이 코로나19의 난리에 무슨 가족 여행이냐고, 한 푼이라도 아껴서 노후에 대비하라고 괜한 큰소리를 쳤다.
옆에서 듣고만 있던 와이프가 한마디 한다.
왜 애들에게 큰소리냐고, 우리 아들 부부 같은 애들이 어디 흔하냐고, 이 혼란스러운 시국에도 아들놈 병원은 괜찮단다. 그리고 이 병원에서 커피점을 운영하는 며느리도 매출에 별 지장이 없기에 정부에서 지원하는 소상공인 지원 대상에서 몇 번이나 제외됐다고 불평 아닌 불평을 했단다.
좋은 건지, 매출이 카드로 결제되는 고로 매 분기 매출에 차액이 없기에 정부에서 지원 대상이 아니란다.
이런 아들 부부가 와이프에게는 자랑스럽다고 히니 자식 자랑인지 모르겠지만 아버지 노릇을 와이프 혼자서 감당한 노고 역시 치하해 주고 싶다.
영상으로 전화한 손자 손녀 두 놈이 할아버지 보고 싶다고 인사를 한다.
이게 행복인지 그래 나를 담금질한 것, 그것은 내 자식 내 와이프였다고 환하게 웃었다. 그래 할아버지도 너희들 보고 싶단다.

그리고 우리 아들 며느리 잘 살아주어서 고맙다….
"여보, 이제 갑시다. 주인집 사람들 멀리 나들이한 모양인데, 우리가 주인 행세했네."

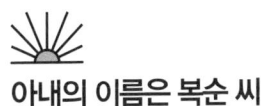
아내의 이름은 복순 씨

아침 산책길에 들길을 걸으며 낮은 키에 수줍게 피어 있는 꽃들에게 인사를 건넨다. 이름도 햇살만큼이나 따사로운 양지꽃이다.

또 지나치다 만나는 애기똥풀꽃을 보면 우리 손자 놈의 어린 시절 노란 똥이 떠오르며 미소가 살포시 지어진다.

하나부터 열까지 다 신기한 손자 놈의 노란 똥까지도 신통하고 예쁘다.

요즈음은 또 망초꽃이 한창이다. 무엇을 그리 잊어야만 하기에 이름마저도 망초였을까.

무리 지어 피어 있는 망초들을 보면 목까지 차오른 그리움이 거꾸로 토해져 올라온 토사물 같다는 생각이 든다.

양지꽃, 애기똥풀, 망초, 이름들을 불러본다. 이름을 부른다는 것은 사고의 확장이며 관계의 확장이다. 그와 나의 관계의 확장이다.

이름을 불러주는 것으로부터 이 꽃들과 나의 관계는 시작된다.

양지꽃 핀 언덕에서 고운 햇살에 나를 맡기고 싶다는 생각이다.

애기똥풀의 사랑스러움, 망초 무리들의 하얀 그리움, 그냥 스쳐 지나갔을 이들의 이름을 부르는 순간, 특별한 의미로 나를 향해 웃음 짓는다.

아무리 아름다운 존재들도 이름을 불러주지 않거나 의미를 부여하지 않으면 나와는 관계없는 무의미한 존재에 지나지 않는다.
 의미를 부여하는 첫 단계는 이름을 불러주는 일이다. 이름을 불러줌으로써 사물은 비로소 의미를 얻게 되고 의미를 얻게 됨으로써 존재가치를 지니게 된다.

 얼마 전 TV 예능 프로그램에서 젊은 남자 방송인이 80대 노여배우의 이름을 불러야 하는 상황에서 결례를 무릅쓰고 그 이름을 불렀다고 한다. 그런데 뜻밖에도 그 노배우가 그렇게 좋아하시더라는 이야기를 하는 것을 본 적이 있다. 그 연세쯤이면 어르신, 선생님으로 불렸을 텐데 뜻밖에 자신의 이름을 듣는 순간 신선한 느낌에 매우 즐거웠다고 하시더란다.
 엄마, 아내, 선배, 그 어떤 것도 아닌 자연인 '나'를 일깨워주는 이름의 힘이다.
 종종 아들 녀석은 집사람에게 "복순 씨" 하고 부르는 것을 보고 언짢아했는데, 집사람은 촌스럽게 복순이가 뭐냐 '희영'이라고 부르라 하며 좋아하는 모습이었다.
 장인어른이 딸들이 다섯이나 되다 보니 대책 없이 지어준 이름이 '복순'이었다고 한다. 훗날 촌스럽다고 이름을 '희영'이라고 개명하였다고 한다.
 아들놈이 이렇게 이름을 불러줄 때면 "이 녀석이" 하고 가볍게 눈을 흘기긴 하지만 자기 이름을 들을 때마다 아무에게도 구속되어 있지 않은 나로 돌아간 느낌이라 하였다.
 내 존재의 본질은 어쩌면 내가 가지고 있는 이름일지도 모르겠다는 생각이 든다.

그런 의미에서 부부간에도 이름을 불러보면 어떨까?

"여보", "당신"도 좋지만 때로는 아내의 이름을, 남편의 이름을, 부르는 순간 새로운 관계 형성이 될지도 모르잖은가.

오랫동안 결혼 생활을 지속했던 사람들이라면 너의 본질을 인정하겠다는 뜻으로 들릴 수도 있을 것이다. 잠깐 연애 시절로 돌아간 듯한 새로운 활력소가 되어줄 수도 있겠다고 생각하니 슬그머니 웃음이 번진다.

이 세상 모든 만물에는 각자의 모습에 알맞은 이름들이 있다. 사람이건 사물이건 이름을 불러줄 때 나와의 관계가 시작된다.

풍요로운 사고를 하고 싶다면 이름을 알려고 노력하고 그들의 이름을 불러주자.

소낙비와 무지개

한여름 마른하늘에 번쩍 예리한 빛이 한 획을 긋는다. 다시 이리저리 푸른빛이 번득인다. 레이저 쇼를 하는 듯하다. 천둥소리가 요란하게 뒤를 쫓는다. 놀라서 차창 밖으로 눈을 돌리니 어스름히 서 있는 나무들이 바짝 몸을 움츠린다.

작은 풀들도 파르르 몸을 떠는 모습이 어쩜 착각일는지, 새들은 놀란 나머지 땅으로 곤두박질치며 죽는다고도 한다.

세찬 빗줄기에 가로막혀 비상등 깜빡이를 켜고 차선 구분도 하지 못한 채 당황하며 서행할 뿐이다.

앞뒤로 달리던 차들도 온데간데없다. 그저 정차하면 뒤차에 추돌당할 것만 같은 불안한 마음뿐이다.

반시(半時)가 지나서 포악이 끝이 났다. 언제 소란함과 불안이 엄습하였는지 쉽게 자취도 없다.

아무 일도 없었던 양, 차들이 속도를 내어 쌩쌩 달린다. 바닥이 젖지 않았다면 요란한 날씨는 완전범죄가 될 뻔했다.

도로에 느닷없이 나타난 폭주족처럼 화창한 날씨에 엄습한 난데없는 공포였다.

이렇게 맑은 날의 소낙비는 언제 내릴지 모른다.

갑작스러운 폭군으로 변해 길을 걷다가 만나면 대책이 없다. 피할 곳이 없어 온전히 비 세례를 뒤집어쓰기 일쑤다.

이런 비는 짧고 굵다. 급한 만큼 길게 가지 못하고 금방 지치게 마련이다.

소낙비에 놀란 건 약과였다. 저녁 뉴스엔 온 들녘이 우박으로 엉망이 되어 속상해하는 농부의 모습을 비춘다.

한창 자라던 농작물이 엉망이다. 고추는 쓰러지고 채소는 구멍이 나 있다. 누가 여름날의 우박을 상상이나 했겠는가.

꿈꾸어 오던 수확의 기쁨을 앗아간 밭에서 얼마나 실망이 깊을까. 마음의 시큰한 좌절감은 또 얼마나 아플까.

거리의 자동차들을 세워놓고 오가도 못하게 한 소낙비는 더러 인생사도 좌우하는 초능력을 발휘한다. 사람을 마구 흔드는 폭도의 기질을 보여준다.

천둥과 번개를 동반한 폭우는 모든 꿈을 깡그리 앗아가기도 하는 것이다.

나의 불혹인 나이대가 그랬다. 하나를 풀면 다른 하나가 밀려든다. 안간힘을 다해 해결하면 다시 하나가 몰려왔다. '엎친 데 덮친다'라는 말처럼 불행한 일은 왜 한꺼번에 몰려오는 것인지….

머피의 법칙을 고스란히 체감하는 시절이었다.

온몸을 흠뻑 적시고서야 그친다. 생명의 끈을 놓고 싶다는 막다른 골목까지 나를 끌고 갔다. 그렇게 발버둥 치면서도 추락해 버린 밑바닥에서조차 붙잡고 있었던 건 희미한 빛을 발하는 희망이었다.

극작가이자 수필가이며, 오늘의 명언을 기억하게 하는 '캐슬린 노리스'

는 참을 수 없는 일은 견디는 것이라 했다.

 지금 우리 곁에는 가족 간에 사별의 슬픔을 견디고 있는 친구도 있고, 가까이서 어린 손녀들을 돌보아주고 직장 일로 바쁜 딸자식을 위해 집안일을 도와주며 희생을 감내하는 친구들도 있다. 사는 모습과 형편이야 각각 다를지라도 우리들은 모두 황혼기를 살아가야 하는 초로에 서 있다.

 무지개를 바라보고 있노라니 내 마음도 뛴다. 어디선가 행운이 찾아올 것 같은 예감이 든다.

 아이는 어른의 아버지라 칭했듯이 무지개를 보고 기뻐하는 아이처럼 자연의 아름다움을 보고 감동받고 순수함을 잃지 않는 어른으로 남을 수 있기를….

바람 소리

아무 일을 하지 않아도 숨이 턱턱 막힌다. 그렇다고 혼자 있는 집에서 에어컨을 켜자니 밖에서 빨래하며 집 안 청소를 하는 와이프에게 미안한 마음이 들어 선풍기만 온종일 끼고 있다.

그러나 선풍기는 밖에서 들어오는 더운 바람 탓에 시원한 맛도 없다. 선풍기를 끄고 발코니로 나왔다. 파라솔 그늘에 앉아 있으니 그래도 간간이 바람이 지나간다.

생각 탓일까, 시원하다는 생각이 들었다.

가만히 눈을 감고 바람의 소리를 듣는다. 바람은 앞집 고추밭을 지나 옆집의 콩밭을 낮게 휘휘 돌아 나오다 주인이 부재한 뒷집 야생초들의 아우성에 그만 놀라 우리 집 연못에서 숨을 고르는 중이다.

습하지만 바람은 조용히 불고 그 바람에 나뭇잎이 살랑이며 숨을 쉰다.

울타리에 매달린 머루는 뜨거운 햇살과 바람으로 옹골차게 몸을 만들어 간다.

잠시 명상에 젖어 더위를 이기는 방법으로 시골 고향 풍경을 떠올려 보았다.

며칠간 애를 끓이며 지냈다. 나 혼자라는 생각에 우울한 하루였다. 와이프가 한 달 전부터 목이 부어 침을 삼키지 못한다고 병원을 들락거렸다.

"여보, 나 큰 병원에 가서 검사받으라는데 어떡하지?"

"무슨 소리야. 어떻다고 하는데?"

"몇 년 전부터 턱관절이 약해 음식을 마음 놓고 먹지 못했는데 이런 병인 줄 몰랐지?"

"그럼 당장 병원에 입원해 치료받아. 내 차 가지고 포항으로 가봐. 아들에게 연락해서 성모병원 예약하라고 해. 나는 회사 일 때문에 시간이 없으니까."

"알았어. 나 혼자 운전해서 갔다 올 테니 식사 거르지 말고 잘 챙겨 먹어. 냉장고에 반찬이랑 다 해놓았으니까."

이 와중에도 그저 신랑 끼니 굶지 말라는 걱정이다. 나는 내 차 줄 테니 혼자 운전해 갔다 오라고 성의 없는 소리만 해댄다.

요사이 요양보호사 자격시험을 보겠다며 학원 수강에다 밤늦은 시간까지 책자를 들고 그야말로 늦게 고시 공부라도 하듯 노후를 위해서 대비한다고 그 나이에 무리를 했나 보다. 좀처럼 아프다고 병원 신세를 지는 일이 없는 사람이다.

결혼생활 40여 년 동안 없는 살림에 건강함도 재산이라고 늘 자랑하더니만, 괜히 불안하고 초조해진다. 함께해주지 못함에 마음이 더욱 무겁다.

아들이 있는 포항 성모병원에 예약하여 검사를 받고 이상이 없다 해서 한시름 놓았건만 다시 증세가 악화되었다. 제천에 있는 비뇨기과를 찾아 항생제를 투여받았다. 통증도 완화되고 식사도 잘하고 별 탈 없으면 며칠 후에 다시 병원에 오라고 했단다.

나는 회사 일에 한참 몰두해 있는데 전화벨이 울린다.

"여보 나 입원하래. 수술 받아야 한다네."

힘없는 와이프의 겁먹은 목소리다.

"뭐라고 하는데?"

겁부터 난다. 기어코 수술을 받아야 한다니 어떻게 해야 되나. 앞이 캄캄하다.

"양호한테 연락했어?"

"애들 가족여행으로 제주도 갔는데 뭘 연락해. 안 했어."

이런 시국에 무슨 여행인가? 아들에 대한 화가 치밀면서도 저도 가족이 있어 직장 생활을 하면서 모처럼 휴가일 텐데 내가 예민하게 구는 것 같아 혼자 화를 삭이고 만다.

"원장님이 바로 입원하래. 자기가 원주 기독병원으로 소견서하고 예약 진료를 해줄 테니 시간 지체하지 말고 바로 가라고 하네."

"혼자 갈 수 있어?"

"혼자 어떻게 가. 자기가 데려다만 줘."

"알았어, 양호한테 연락 한번 해보고 기다려. 내 곧 나갈 테니…."

"양호한테 연락하니 서울 큰 병원으로 가라고 하네. 서울대학병원이나 아산병원이나."

"서울은 무슨 서울이야. 누가 옆에 있어야 될 것 아냐, 원주 세브란스 기독병원으로 가."

나는 하던 일을 그대로 놔두고 원주 연세세브란스기독병원으로 달렸다. 이제까지 병원 한번 제대로 같이 간 적이 없는 나로서는 아내에게 미안한 마음이었다.

　평일인데도 왜 이리 사람이 많은지 입구에서부터 코로나 방역조치가 까다롭다. 막 바로 원무과를 거쳐 이비인후과로 직행해서 정밀 검사를 받고 4시간을 기다렸다. 의사의 소견은 일주일 정도 경과를 보고 결정하자고 한다.

　입원하려면 코로나 검사도 받아야 한다. 항생제로 치료가 가능한지 입원해 수술을 할 것인지는 지켜보자고 한다. 당장 입원해서 수술을 받아야 한다더니만 종합병원에서는 대수롭지 않은 모양이다. 나는 안도의 한숨을 쉬었다.

　제주도 가족여행을 마치고 돌아오는 아들 내외에게 전화를 하고 분주하게 수선을 떨었던 아내의 얼굴에 화사한 웃음이 돈다.

　병명은 침샘이 막혀 제대로 침을 배출하지 못해 그곳에 바이러스가 침투해서 상처 부분이 곪아 피고름이 잡혔단다. 물도 제대로 마시지 못하는 비뇨기과 질환이라 한다.

　제때 치료받지 못하면 목에 상처를 내어 관을 대고 수술을 해야 하는 그런 위험성이 있고 방치하면 입이 돌아간다고 한다. 그리 흔치 않은 질환이라지만 염려했던 종양이나 큰 병은 아니라고 하니 얼마나 다행인지 모른다.

　CT 촬영 및 피 검사를 하고 아침, 점심 식사도 거른 채 옆에서 힘이 돼주지 못한 내가 조금은 한심스러웠다. 하루가 어떻게 지났는지 벌써 석양이 지고 있다.

미국의 희극배우 찰리 채플린은 인생이란 가까이서 보면 비극이지만 멀리서 보면 코미디라고 했다. 그 말은 사람에게 일어나는 수많은 대단한 일들도 멀리서 보면 결국 대수롭지 않은 일이라는 뜻으로 해석할 수도 있지 않을까.

남이 힘든 일을 당하면 평정심을 갖고 충고도 해주고 위로도 해줄 수 있다.

그러나 자신이 막상 맞닥뜨리면 정신이 혼미해져 한 치 앞도 구분할 수 없게 된다. 평소에는 그리도 똑똑한 체는 다 하다 막상 아내가 병원에 입원해야 된다고 생각하니 어쩔 줄을 모르고 허둥대다니….

수오재기라는 말이 생각난다. 일찍이 정약용 선생은 친히 만물 가운데 지킬 것은 오직 '나'라고 했다. '나'는 그 본성이 드나드는 데 일정함이 없고 잠시 살피지 않으면 어디든 못 가는 데가 없다. 그래서 실과 끈으로 매고 빗장과 자물쇠로 잠가서 나를 굳게 지켜야 한다고 했다.

우리는 자신을 얼마나 믿고 실천하며 살고 있을까.

어쩌면 제일 '나'를 모르는 건 자기 자신이라는 생각이 든다. 사실 나는 어떤 순간이 와도 의연하리라 생각했다. 하지만 이번 일을 겪으며 내가 얼마나 약하고 자만심이 컸는지를 절실하게 깨닫게 되었다. 이제부터라도 '나'를 지키고 다듬는 일에 게을리하지 말아야겠다고 다짐을 해본다.

바람은 잠잠하다. 이내 구름은 검게 변하더니 후덥지근한 지상을 향해 서늘한 울음을 토해내고 있다.

어부바

젊은 엄마가 등에 아기를 업고 간다. 참으로 흔하던 풍경이었는데 요즈음은 보기 어려운 그림이다. 뽀얀 아기의 두 발이 엄마의 걸음에 맞춰 달랑거린다. 그 작은 입술을 오물거리며 깊이 잠이 든 모양이다. 젊은 엄마는 작은 가방이 들려 있는 양손을 혹여 아기가 늘어질까 봐 아기의 엉덩이 밑에 꼭 맞잡고 더운 길을 걷고 있다.

나는 아들 하나를 두었기에 이런 모성의 모습을 한 번도 느껴보지 못했다. 다만 아이를 데리고 시장에 가고 무엇이 그리 바쁜지 부지런히 애를 안고 힘이 들면 등에 업고 앞만 보고 다니던 와이프의 모습이 눈앞에 펼쳐졌다.

귀가가 늦는 남편을 기다리며 골목에서 서성이던 아내의 등에는 잠투정으로 보채던 어린 아들이 새근새근 잠이 들었는지 조용하기만 하였다. 비록 잠든 모습을 눈으로 보지 않아도 엄마는 등에서 잠든 걸 느낌으로 안다. 아이의 숨소리와 고개를 돌리는 모습, 입을 오물오물 거리는 게 뭐가 불편한지 느끼는 모양이다.

내 아이도 "어부바" 소리를 들으면 무릎으로 먼저 듣고 기어 왔다.
나도 다 자라서까지 아버지가 "어부바" 하는 소리를 들으면 모든 슬픔이 사라지곤 했던 기억이 그리움으로 돌아왔다. 엉엉 울다가도 삽시간에 눈물이 쑥 들어가 버리고 마는 것이다.

엄마라는 단어만큼 따뜻한 단어가 "어부바"가 아닐까.

얼마 전 신협에 볼일이 있어 방문한 적이 있었다. 번호표를 뽑고 순번을 기다리는데 여직원 뒤편에 놓여 있는 엄마 돼지와 아기 돼지 세 마리 인형이 눈에 띄었다. 파란 돼지가 분홍 돼지를 업고 있다. 그 모습이 얼마나 앙증맞은지 어린 고객들이 탐낼 만하였다.

요즈음 로고송이나 음악을 들을 때 심장에 쿵 하는 울림이 오는 것들이 있다. 어떤 은행의 기울어진 우산을 들을 때도 감동적이고 '어부바'라는 신협의 로고송을 들을 때도 감동이다.

누군가를 위해 하나의 우산을 펴 들었을 때 내 어깨를 생각하기보다는 상대의 어깨를 생각한다. 상대를 위해 기울일 수 있는 만큼 우산을 기울인다.

비 오는 거리를 걸어 집에 와 보면 내 한쪽 어깨는 우산을 쓰지 않은 것처럼 젖어 있다. 그래도 누군가를 '젖음'으로부터 보호했다는 넉넉한 마음이 들어 전혀 척척함이 불쾌하지만은 않은 것을 느낀다.

내 것이지만 내가 볼 수 없는 '등'은 어쩌면 남을 위한 것인지도 모르겠다. '등'을 나는 무엇에 사용했을까. 얼굴처럼 화장품 한번 발라준 적도 없고 쓰다듬어 준 적도 없다.

무거운 가방을 지게 했고 잘못했을 때 엄마의 손바닥 매를 맞는 곳으로 사용했을 뿐이다.

궂은일을 맡아 하게 하면서도 아플 때 파스 한 장 붙여주기도 힘든 곳이었다.

그러나 내 아버지의 등이 내 슬픔을 달래주는 안식처였던 것처럼 내 등도 아들에게는 요람이었을 것이다.

넉넉하지 않아 내가 내어줄 것은 그냥 빈자리 같은 '등'이었다.

아기를 업고 포대기로 감싸고 긴 골목을 서너 바퀴 서성이면 아기는 그네를 타는 꿈을 꾸는 것처럼 새근새근 잠이 든다.

내가 가는 신협은 제법 고객이 많다. 유모차를 타고 자랐을 것 같은 젊은 직원들이 "어부바"라는 말의 따뜻함을 잘 아는 것이 신통하기도 하다.

가끔 전혀 업어주고 싶지 않은 고객이 오면 화가 날 만도 한데 싫은 표정 없이 잘 업어준다.

나이 많은 나도 젊은 직원들이 잘 업어준 덕에 편안히 흔들리고 있다.

사는 게 참 고단할 때가 많다. 기댈 곳 없이 막막한 길을 하염없이 걸어본 적이 있을 것이다. 그때 누군가 우산을 씌워주거나 아버지처럼 다정한 목소리로 "어부바"를 외쳐준다면 얼마나 위로가 되겠는가.

코로나로 모두 처량한 이때 대출을 받으러 기운 어깨로 은행 문턱을 들어서는 그 막막한 등들을 보며 누군가는 '어부바' 하며 넓은 등을 내미는 사람이 있을 거라고 토닥여 주고 싶다.

저 뜨거운 날에 아기를 업고 가는 젊은 엄마의 '어부바'가 눈물 나게 나를 추억 속으로 끌고 간다.

내 아이를 업고 늦은 귀가의 남편을 기다리던 젊은 아내의 모습이 떠오른다. 한여름 달구어진 열기에도 아랑곳하지 않고 후미진 골목길에서 서성이던 아내와의 풋풋한 사랑 실은 영상이 애잔하게 흘러만 간다.

아버지의 종착역

 어머니가 갑자기 돌아가시고 아버지가 혼자 지내시기를 몇 해, 노환으로 몸져누우시자 우리 형제자매들은 요양병원을 물색했다. 지역에서 그래도 힘깨나 쓰는 넷째 동생이 서둘러 수소문해서 의사 선생님과 간호사가 상주한다는 시설 좋은 근방의 요양원을 골라 입원시켜 드렸다.
 큰며느리인 집사람은 책임 때문에 일주일 간격으로 뵈러 간다고 하고 남동생들도 다투듯 면회를 다녀왔다고 카톡으로 전하곤 하였다.
 그나마 직장 생활을 하는 나는 모든 것이 여의치 않아 아버지 입원하시고 20여 일쯤 지난 후에야 찾아뵐 수 있었다.
 여섯 개의 침대가 빼곡하게 들어서 있는 병실 맨 안쪽 침대에 아버지는 주무시는 듯 누워계셨다.
 "아버지 저 왔어요."
 잠시 눈을 가늘게 뜨는가 싶더니 나시 감아버리신다. 움푹 끼진 눈두덩, 검버섯 핀 앙상한 얼굴빛과 몰라보게 초췌해진 모습 앞에서 가슴이 무너져 내린다. 주변이 소란스럽다.
 옆 침대에 누운 환자는 알 수 없는 소리를 계속 지껄이고, 요양보호사는 입구 쪽 환자의 기저귀를 갈면서 이러쿵저러쿵 큰 소리로 떠들고 있다.
 문밖 대기실에서 여러 사람이 떠드는 소리까지 고스란히 섞이는 병실은 한시도 머물고 싶지 않게 메마르고 삭막한 분위기다.

나는 데스크로 달려가 왜 이리 병원 분위기가 소란스럽냐고 항의해 본다. 환자분이 오신 지 얼마 되지 않아 그렇다고, 내일모레면 성향별로 이동하니 조금만 참아달라고 한다. 아울러 조용한 병실로 옮겨가실 거라고 안심하라고 한다.
어쩌겠는가?
아버지 계시는 침대 곁으로 돌아와 가만히 아버지의 손을 쥐어본다.
아무런 반응이 없다.
나는 세상에 할 일이 이것밖에 없는 듯 정성을 다해 아버지의 손을 꼭 주물러 드린다.
눈 감고 말문마저 닫은 아버지, 아버지는 양로원이 싫다고 온몸으로 말씀하시는 것이다.
다섯 자식을 평생을 바쳐 애지중지 끌어안고 건강하게 키워내신 아버지가 이제는 자식들이 자신을 버렸다는 모멸감으로 절망하고 계신 것이다.

오래전에 이웃에 살던 진안 댁 할머니가 지자체에서 운영하는 양로원으로 떠나셨다는 소식을 접하고 하신 말씀이 생각난다. "불쌍한 사람 죽으러 갔구나." 혼잣말처럼 하시던 아버지는 양로원이란 의지할 곳이나 갈 곳 없는 사람들의 마지막 종착역이란 고정관념을 갖고 계셨다.
삼강오륜을 배우고 익히며 부모 공양을 최대의 가치로 여기며 살아온 아버지는 양로원행을 끔찍하게 싫어하신다.
자식들은 저희 좋을 대로 시대가 바뀌었다 하고 인식도 바뀌어야 한다며 자식들보다 더 잘 보살핀다고 우격다짐으로 양로원행을 부추긴다.

막상 양로원에 누워 계시는 아버지의 양로원에 대한 불신은 더욱 견고해진 것 같다. 양로원에 누워 있다는 것은 자식들의 버림을 받은 것, 죽을 일만 남았다는 절망감에 사로잡혀 계신 것이다.

아버지는 없는 살림에 다섯 자식을 보란 듯이 키우셨지만 자식들 다섯은 아버지 한 분을 모시지 못한다. 평생 사셨던 자신의 집에서 자식들 배웅을 받으며 세상을 하직하고 싶어 하는 아버지의 마지막 남은 자존심을 외면할 수가 없다.

나는 차마 돌아설 수가 없다.

"아버지 집에 가요. 제가 아버지 곁에 있을게요."

그제야 아버지는 눈을 뜨신다.

"정말이냐?"

아버지는 기다렸다는 듯 이렇게 되묻는 것 같다.

요양병원에서 다시 집으로 모셔오는 날 굳게 닫혔던 대문을 밀치자 화단에 피어 있던 꽃들이 환하게 반긴다.

추위도 아랑곳없이 주인 없는 뜰에서 스스로 핀 수선화 서너 무더기가 바람에 흔들리는 것이 꼭 아버지를 반기는 몸짓 같다.

"여보, 당신 집으로 돌아왔군요. 내가 심어놓은 꽃들이 먼저 알고 반기네요. 살아생전 당신 위해 심어놓았으니 나 없어도 외롭다 말아요. 여기가 이승의 종착역이니 애들 귀찮게 하시지 말고 꽃들의 위안을 받다가 조용히 내 곁으로 오시구려."

먼저 가신 어머님의 음성이 아버지의 귓전에서 맴도는 듯하다.

　세탁기에서 막 꺼낸 것 같은 새털구름이 하늘 끝에 매달려 있는 걸 보니 며칠 잦은 비와 더위에 지친 심신이 한결 개운하다.
　시원한 커피 한 잔에 망중한을 즐기기 딱 좋은 날씨인데 여유가 없다. 이것저것 정리해야 할 일이 많다.
　좁은 공간에서 정리하지 못한 물건들이 눈에 거슬린다. 와이프와 이리저리 치우고 버리고 땀으로 샤워를 해가며 대청소를 끝냈건만 영 산뜻한 느낌이 들지 않는다.
　연식이 오래된 아파트의 아킬레스건이다.
　그러고 보니 아파트에 대한 미련이 떠오른다.
　월세 전세를 전전하다 마련한 25평짜리 빌라에 정착하며 그래도 내 집이구나 하고 얼마나 흐뭇해했던가.
　그러다 다시 32평 아파트로 이사하며 세상을 다 얻은 듯 시골의 부모님과 형제들을 초대해 자랑 아닌 자랑을 했었다.
　오래도 살았다. 한 아파트에서 15년을 살고 있었던 고집은 뭘까? 사실 몇 년 전까지만 해도 집에 대한 회의는 없었다.
　아이들 학교도 가깝고 은행은 물론, 시장 보기까지 수월해 불편함이라고는 모르는 입지였다.

그렇게 소박하게나마 '즐거운 나의 집' 예찬론자로 살던 내게 부동산 시장의 요동은 뒷목을 잡을 일이었다.

신축 아파트가 불과 몇 달 만에 몇억대가 올랐다는 소식은 이제 지방에서조차 심심찮게 들리는 씁쓸한 이야깃거리가 된다.
그에 비해 하루가 다르게 '낡은 아파트'의 꼬리표가 부각되는 우리 집을 보며 슬슬 투정이 나오기 시작했다.
날이 갈수록 고공 행진하는 집값 앞에서 단지 수치상으로만 속이 상한 게 아니다.

정말 열심히 앞만 보고 살았다. 알뜰하게 모아 통장 개수가 늘어날 때마다 우리 부부는 서로를 다독이며 감사를 잊지 않았다.
그렇게 공들여 쌓은 탑이 껑충껑충 뛰어오르는 집값 앞에서 와르르 무너지는 기분에 억울한 마음까지 든다.
시류에 민감하지 못해 그 대열에 합류하지 못한 나의 무능함도 떨칠 수가 없다.
심란한 마음탓일까. 사다리차를 대동해 신고식을 하는 새 입주민들이 예사로 보이지 않는다. 이를 망연히 바라보다 문득 '이젠 낡아 갈아입고 싶은 옷처럼 투덜대던 이 집이 저들에겐 희망의 시작이겠지' 하는 생각이 들 때가 있다.
그럴 때면 처음 내 집 마련했을 때의 감흥이 살아나 주책없이 눈물이 그렁거리기도 한다.
그래, 너무 두리번거리지 말고 살자. 여기서 우리 아이들이 한 뼘씩 자라고 가족의 꿈이 영글던 기억들을 꺼내 보자. 이제 우리 부부만이 덩그러니 남은 집이지만 추억과 위로가 함께했던 보금자리였다. 그래서 이 집을 떠나지 못하고 있는지도 모르겠다.

비록 집값은 뒷걸음질 치고 있지만, 나는 오늘도 씩씩하게 마트로 향한다.

오랜만에 온 가족이 둘러앉을 저녁 밥상에서 마주 보는 따뜻한 눈빛은 얼마나 값진 행복인가.

서둘러 장바구니 정리를 끝내고 창가에 앉아 있어도 등줄기에 땀이 흥건하다. 잠시 아파트 화단을 내려다본다. 오래된 만큼 그늘이 깊어진 느티나무가 볕을 가려 한낮의 더위를 밀어내고 있다. 든든한 친구처럼….

백신

오늘 2차 백신 접종을 끝내고 코로나19 예방접종 표찰을 달아준다.

'고마워 백신'이라고 쓰인 작은 원형의 표찰을 가슴에 달고 나니 이것도 무슨 벼슬인 양 흐뭇하다.

1차에 '아스트라제네카' 백신을 맞았기에 2차에는 '모더나'나 '화이자' 중에서 하나를 맞으리라 기대했었다. 모더나와 화이자의 변종 바이러스 예방률이 다른 백신보다 높다는 보도가 나오면서 그런 기대가 더했던 것 같다.

그런데 다시 발등의 불이 떨어졌다. 모더나 확보가 제대로 되지 않으면서 당초 4주 간격인 2차 접종이 6주 간격으로 늘어난다는 것이다.

코로나19가 창궐 초기 우리나라는 지칭 '방역의 모범국'이었다. 국경 봉쇄에 나섰던 국가들과 달리 우리는 외국인 입국도 허용했다.

정치권에서 야당의 반대가 있었지만, 전 세계를 강타한 '죽음의 바이러스'를 퇴치하기 위해서는 국제적 공조가 절실하다는 믿음을 버리지 않았다.

정부는 툭하면 국민들에게 장밋빛 환상을 심어주었다.

김부겸 총리는 여름 휴가철을 앞두고 1차 접종자의 경우 해외여행을 허용할 수 있다는 발언을 했고, 국민들은 고개를 갸우뚱했다.

대통령과 총리 등의 섣부른 코로나 예측성 발언은 국민들을 안심시키지 못했다. 오히려 코로나가 더욱 확산되는 기현상이 일어났다. 그러면서 상당수 국민들은 정부의 'K-방역'에 대해 불신을 갖기 시작했다.
 압권은 통일부 장관인 듯싶다. 툭하면 북한에 대한 백신 제공 얘기를 꺼냈다. 대통령도 거들었다. 많은 국민들은 울화통이 터졌다. 북한에 대한 인도적 지원을 하지 말자는 이야기는 아니지만….

 우리는 어떤 방법을 동원해서라도 대북 관계를 풀어야 하는 것임에는 찬성이지만, 그동안 대북 햇볕정책은 큰 효과를 보지 못했다.
 대북 백신 제공에 따른 남북 관계 개선 효과가 거의 없는 상황에서 이 같은 발언을 정치권에서는 자제해야 될 것이다.
 우리 국민들은 1차와 2차 접종을 서두르고 가능하다면 부스터 샷을 통해 마스크를 쓰지 않아도 되는 일상으로 복귀를 희망한다.
 미국 메이저리그에서 뛰는 류현진의 경기를 보면서 꽉 들어찬 관중들을 유심히 바라본다.
 간혹 마스크를 쓴 사람이 있지만, 대부분은 마스크를 벗고 신나게 떠들면서 선수들을 응원한다.
 손흥민이 소속된 영국 프리미어 리그의 프리시즌 경기를 보면서도 비슷한 광경을 보았다. 어른과 아이 등 다양한 연령층이 관중석을 꽉 메운 아스널과의 북런던 더비에서 손흥민이 결승골을 넣자 얼싸안고 환호하던 모습이 딴 세상 사람들로 보였다.

미국과 영국 역시 코로나 확진자가 1일 수천, 수만 명에 달한다고 한다. 워낙 인구가 많은 국가여서 우리나라와 비교평가는 불가능하지만 말이다.

프로 스포츠를 관람하며 일상을 되찾은 그들의 자신감이 부러웠다.

1, 2차 접종에 이은 부스터 샷의 중요성이 더욱 절실하게 느껴진다. 우리나라의 백신 최종(2차) 접종률은 38개 OECD 국가 중 꼴찌라고 한다.

1차 접종을 내놓고 기약 없는 2차 접종을 기다리는 사람들이 부지기수다.

식품의약품안전처가 최근 SK 바이오가 개발한 백신에 대한 3상 임상을 마쳤다고 밝혔다. 이런 추세라면 우리도 내년 여름쯤 백신 보유국이 될 수 있다. 다만, 우려스러운 것은 적어도 1~2년 이상 연구를 통해 개발한 SK 백신이 최근 창궐한 델타 변이 등 변종 바이러스 대응력이 얼마나 될 수 있느냐가 관건으로 떠오른다.

이 문제가 해결되고 우리나라가 백신 보유국으로 인정받는다면 그때 대북 백신 제공을 언급해도 늦지 않아 보인다.

북한이 백신을 확보하지 못한 것은 그들의 폐쇄적인 국가 운영에서 비롯된 것이다. 그들의 기형적인 시스템에서 비롯된 문제를 우리 국민들이 고통을 감내하면서 도울 필요성이 있는지 따져보아야 할 것이다.

다행히 나는 2차 접종까지 마쳤지만 주변의 많은 친구들의 2~3주 연장된다는 보도는 가히 걱정이다.

벚꽃 엔딩

환한 햇살이 들로 산으로 퍼져나가 연두색 잎사귀가 핀 나뭇가지에 내려앉는다. 봄의 화신은 무채색 위에 고운 색을 얹어 환하게 변신 중이다.
세상은 지금, 겨울의 흔적을 지우느라 눈코 뜰 새가 없다.
모처럼 주말의 오후를 틈타 제천에 위치한 세명대학교의 벚꽃 길을 향했다. 눈처럼 떨어져 휘날리는 벚꽃의 향기를 맡으며 걸어본다.
서너 명의 여학생들이 열심히 수다를 떨며 내 앞을 한발 앞서 걸어가고 있다.
"벚꽃의 꽃말이 중간고사라고 했는데…."

서울을 중심으로 대학에서 중간고사를 준비할 무렵이면 벚꽃이 화사하게 피어났다. 그 환한 벚꽃을 아쉬워하며 붙인 벚꽃의 꽃말이 중간고사라니…
그런데 올해는 벚꽃 개화일 관측 이래 가장 빨리 벚꽃이 피었다 하니 그 시기가 중간고사를 무려 한 달이나 앞둔 시점이란다.
지난 주말 주중에 놓친 늦은 벚꽃 구경을 나왔는데, 이를 어쩌나 이미 많이 져버린 벚꽃은 엔딩을 준비하고 있다.
흔히 쓰는 끝이라는 말은 사납고 모진 이별을 의미하기도 하고, 힘들었던 일을 개운하게 마무리한 상쾌한 기분을 이를 때 사용하기도 한다.

최근 들은 가장 아름다운 끝은 한 노교수님의 퇴임사에서였다.

"나는 '마지막'이라는 낱말보다 '끝'이라는 단어를 더 좋아합니다. 국립국어원의 표준국어대사전은 마지막을 '시간상이나 순서상의 맨 끝' 끝은 '시간, 공간, 사물 따위에서 마침 한계가 되는 곳'이라고 풀이합니다. 마지막은 시간의 흐름이 마무리된 것이며, 끝은 공간적 전개의 가장자리라는 것입니다. 나는 지리를 공부하고 가르쳐 왔습니다. 그동안 마지막이라는 낱말보다 가능한 한 끝이라는 단어를 쓰고자 한 것은 이처럼 '끝'이 공간적 개념어이기 때문입니다. 공간은 자리에서 매우 중요하게 다루는 것입니다. 그러니 이왕이면 지리적 용어를 쓰려고 했던 것입니다."

한 번도 끝이 공간적 개념어라고 생각지 못했던 내게 '끝'이라는 말은 새롭게 다가왔다.

벚꽃에게 공간은 무엇일까? 벚꽃은 벚나무 가지 말단의 꽃눈 속에서 겨울을 난다. 온전한 꽃잎을 얇은 꽃는 껍질 속에 품고 영하 19도의 추운 겨울을 견디는 것이다.

따스한 봄볕에 꽃눈 껍질이 벗어지고 드디어 무한한 공간 속으로 꽃잎을 열었다. 그러다가 제 할 일을 다 한 꽃잎은 공중으로 이파리를 흩어버리고는 결국 드넓은 대지 위에 조용히 몸을 누인다.

벚꽃은 좁은 꽃눈 속에서 무한한 공중을 향했다가, 자신의 근원이 되었던 벚나무 뿌리 근처로 다시 돌아온 것이다.

퇴임사에서 교수님은 교육연구자로서 거의 변경에서 살아온 인생을 고백한다. 스스로 선택한 그 변경에서의 삶은 고생스러웠지만, 한편으로는 그곳에서만 가능한 다른 세계와의 자연스러운 통합을 경험할 수 있었다고 회고했다.

또한 변방의 삶이 가지는 또 하나의 재미는 자신의 끝을 계속 밀고 앞으로, 옆으로 확장해 갈 수 있었다는 점을 덧붙였다.

고정불변의 어떤 것이 아니라 새로운 세상과 만나면서 계속하여 변화하는 것을 찾아가는 답사, 그것이 자신의 공부였다고 토로한다. 그리하여 퇴임 후 그의 새 연구실 역시 그 변경, 곧 '끝'에 있다고 마지막 인사로 갈음하였다.

매년 2월 말과 8월 말 여러 정년의 인사를 듣게 된다. 정년은 아쉽다. 두고 가는 것, 이루지 못한 것에 대한 아쉬움이 인사에 고스란히 드러난다.

그런데 퇴임 후 '끝'에 있게 될 새 연구실을 고백하는 그 인사는 달랐다. 기분 좋은 설렘, 이질적인 세계와 전혀 다른 통합을 도모할 기회, 나에게도 찾아올 새로운 연구실인 '끝'을 기대하는 마음을 품을 수 있었다.

벚꽃이 끝나야 벚나무 새순이 돋아 버찌를 살찌우고 여물게 한다.

또 벚꽃이 끝나야 라일락도 피고, 철쭉도 핀다. 벚꽃 엔딩이야말로 정말 새로운 시작이다.

백신 수급이 어렵다지만, 코로나19 엔딩도 뜨겁게 염원해 본다. 새로운 시작을 위해서 말이다.

나의 아버지

　아버지와 나는 19살, 어머니와는 18살 차이가 난다. 요즘 같으면 비행 소년 소녀들의 불장난으로 내가 태어난 걸로 오해받을 만도 하다.
　아버지는 2남 3녀 중 둘째시다. 할아버지의 깨끗하고 고운 피부에 외국인처럼 오뚝한 콧날을 닮아 미남형이며 이국적이다.
　나의 하얀 피부도 아버지 덕분이다. 우리 4남 1녀 중 셋째와 넷째는 어머니의 검은 피부를 이어받았다.
　각설하고, 우리 할아버지 형제 중 둘째 할아버지가 자손이 없어 내 친할아버지 둘째 아들을 둘째 할아버지께 양자로 보내셨다고 한다. 그때 나이가 다섯 살이었다고 한다.
　1934년생이니 살아 계셨다면 86세시다. 작고하신 지 6년이니 80세까지는 살다 가신 셈이다.

　아버지는 일제 강점기에 살기가 어려웠던지라 한문학을 공부하셨던 할아버지를 따라 일본으로 건너가셨다.
　할아버지 내외는 그래도 일본 동경에서 행상으로 많은 재산을 모으셨다. 아버지는 일본에서 어린 시절을 보냈으나 배곯지 않고 값진 옷을 입으며 부유한 어린 시절을 보냈다. 한국에서 자란 아버지의 형제들은 궁핍한 생활을 했으니 어쩌면 아버지는 불운한 시대의 행운아(?)인지도 모르겠다.

해방이 되면서 할아버지 내외는 귀국하여 대전 조폐공사가 있던 유천동에 정착하셨다.
일본에서 모은 재산으로 충북 옥천군 고향에 전답을 사서 큰할아버지께 농사를 짓도록 기반을 마련해 주셨다.
할아버지 처가인 안남면 모산에 땅을 사서 할머니 형제들의 의식주 해결에 일조도 하셨다고 한다.
이런 할아버지 밑에서 곱게 자라온 아버지는 고향인 옥천에서 안남초등학교를 거쳐 대전에서 유학 생활을 하셨다.

해방 후 정권은 토지정책의 일환으로 소작인에게 대여한 모든 땅의 소유권을 몰수하여 현재 농사를 짓고 있는 경작인에게 소유권 이전을 추진했다. 강제성 정책이었기에 지주는 소유권을 빼앗기는 억울함을 겪었다고 한다.
할아버지가 처남들에게 이전한 땅은 가난한 형제들을 살린 계기가 되었다. 하지만 남에게 대여한 토지는 모두 몰수되었다고 한다.
다행히도 고향인 옥천군에 소유한 땅은 할아버지 형제들의 명의라서 잃지 않았다고 한다.
이런 억울함에 몸져누운 할머니의 바람으로 아버지는 어린 나이에 결혼을 하였다. 아버지가 십 대에 아들을 낳았으니 병석에 계신 할머니의 기쁨이야 오죽했을까. 또한 슬하에 자식이 없어 양자를 들인 할아버지의 심정은 어떠셨을까.

할머니께서는 병석에서 내가 백일이 되기까지 안고 계시다 세상을 떠나셨다. 아버지께서 가끔 술 한잔하실 땐 넋두리처럼 말씀하시며 할머니를 그리워하셨다.

할머니께서 돌아가시기 전 마지막 유언이 '첫 손자를 반드시 살려야 한다'는 내용이었다.

한 번쯤 '경기'를 크게 할 것이니 잘 대처해야 된다고 마지막까지 손자의 앞날을 걱정하며 눈을 감으셨다는 할머니….

그 후 6 · 25 전쟁이 마지막 고비로 치달으며 시골 마을조차 순탄하지 못한 나날이었다고 한다.

12월이 다 갈 즈음 폭설이 쌓여 집에서 꼼짝도 못 하고 있는데 백일 갓 지난 내가 열이 펄펄 나고 몇 번이나 숨을 몰아쉬며 혼수상태에 빠졌다. 이를 지켜보는 어른들의 마음까지도 지쳐가고 있었다. 후퇴하는 인민군들 때문에 밖으로도 나갈 수도 없어 속수무책이었다.

애타는 마음으로 가슴 졸이다 밤 10시가 넘은 시각에 아버지는 결단을 내리셨다. 면 소재지에서 약국을 운영하며 왕진을 하던 의사를 모셔오겠다고 목숨을 걸고 나설 수밖에 없었다고 한다.

며칠 동안 계속되는 폭설로 도로가 막혀 마을은 고립된 상태였다. 당시 상황은 전쟁의 막바지라 퇴각하는 인민군의 행렬로 어수선했다. 이런 상황에서 19살 앳된 아버지가 어린 자식을 살리겠다고 수십 리 지름길인 산길을 질러 나섰던 것이다.

이때 할아버지의 말씀은 "내 손자 살리려다 내 자식 먼저 죽이겠다"고

걱정이 앞섰다고 하시더란다.

  할아버지는 동이 터오는 하늘을 보며 밤새도록 쌓인 눈길을 치우며 애타게 기다리는데 저 멀리서 의사의 왕진 가방을 둘러매고 앞서 오는 아버지를 발견하셨다.

  그저 제 자식 살리겠다고 몇 십리 길을 찾아가 의사를 모시고 오는 아버지가 그렇게 대견스러웠다고 그 순간을 회상하셨다.

  다행히 페니실린이라는 약품 하나로 해열을 시키고 내가 오늘날까지 목숨을 이어온 계기가 되었으니 참으로 위대한 부정이다.

  우리 아버지가 어머니 돌아가실 때 "너희 어머니 아직 숨 쉬고 있잖니? 아직 죽지 않았어" 하셨다. 어린 나이의 예쁜 신부였던 어머니 얼굴을 쓰다듬으며 두 손으로 부여잡고 얼굴에 입맞춤을 하셨다. 끝까지 죽음을 인정하지 않으시고 몸부림치던 나의 가엾은 아버지시다.

  시골집에 혼자 계시며 하루 종일 앉았다 일어났다 하시며 소주 한잔 잡수시고 동네 마을 한 바퀴 돌아보시는 아버지. 빈속에 아침부터 4홉들이 소주 한 잔 따라 김치 한 조각 안주 삼아 드시고 얼얼함에 그저 기분 좋으신 아버지. 그 기분에 다리 힘 풀려 쓰러져 한숨 주무시고 빈속의 허전함에 다시 소주 한 잔 드시기를 반복하시던 아버지. 시장기에 좋아하시는 라면 하나 끓여 잡수려니 하나가 적은 듯하여 가스레인지 위에 큰 냄비 올려 두 봉지 끓여 잡수려고 욕심을 부리시던 아버지시다.

  그러나 젓가락질 몇 번에 허기진 배 채우기도 귀찮은 듯 주무시다 일어난 머리맡에 밀어 놓는다.

금방이라도 다 드실 듯싶다가도 금세 달아나 버린 식욕 때문에 이런 일상이 반복의 연속이었다.

아버지는 귀찮은 듯 일어나셔서 싱크대에 불은 라면 그릇을 집어넣곤 하셨다.

가끔 찾아뵙는다고 와이프와 아버지 집에 들어서면 노인네의 고리타분한 냄새보다 싱크대에 쌓여 부패한 라면 냄새와 들끓는 파리 떼가 눈살을 찌푸리게 했다.

사람 사는 집이 어찌 이렇게까지 되었나 싶다.

이럴 땐 여지없이 와이프의 잔소리가 시작된다.

"아버님 이게 사람 사는 집입니까? 어찌 이불 한번 안 개시고 잠만 자고 몸만 빠져나오고 술은 왜 이리 잡수세요. 이기지도 못하시면서….

라면도 잡수실 만큼 하나만 끓이시지. 다 드시지도 못하면서 이렇게 싱크대에 쏟아놓으면 하수구 막히고 부패하여 곰팡이 피고요. 날벌레 꾀고 이게 사람 사는 집인지 보세요. 하루 이틀도 아니고 맏며느리만 아버지 모시란 법도 없잖아요. 다 같은 자식인데 전화해서 다 오라고 해요."

힘없는 아버지의 쓸쓸한 미소가 미안함을 표시하듯

"됐다. 그만해라. 네 잔소리는 너희 시어머니보다 더한다." 허허허 너털웃음이 왜 그리 쓸쓸해 보이던지 나의 가여운 아버지.

자식을 살리겠다고 폭설에 쌓인 몇십 리 밤길을 재촉하시던 강한 아버지의 기상은 어디로 간 것일까?

이런 자식 며느리의 잔소리를 평생 들으시다 가신 나의 불쌍한 아버지께 막무가내로 술 드시지 말라고 술병을 모두 치우던 그런 행동이 후회스럽다. 외로운 아버지는 그것이 일과였다. 술 한잔 잡수시고 그 힘으로 동네 한 바퀴 돌고, 힘들면 주무시고 또 일어나 소주 한잔하셨던 아버지시다.

자식들이 용돈 보내드리면 동네 마을회관 친구분들께 자장면 한턱내시는 걸 낙으로 삼으시던 아버지시다.

아버지가 목숨 걸고 지켜내신 이 못난 자식은 아버지의 마음을 헤아리지 못한 우매함에 가슴이 무너진다.

가엾은 나의 아버지께 좋아하시는 소주 한 짝 사드리지 못한 사소한 나의 불찰이 이제 돌덩이 같은 한으로 남는다.

운동화의 추억

1961년 손수건을 가슴에 달고 초등학교 운동장에서 입학식을 가졌다. 가슴에 달아준 손수건은 코를 닦는 용도였다는 것도 그때 알았다.

나는 코를 흘리지 않아 언제부터인가 수건이 내 가슴에서 없어졌으나 한두 명은 4학년 끝날 때까지도 누런 코를 훌쩍거려 놀림을 받았다.

60년 세월이 지난 지금도 아련하게 기억으로 남아 그리움을 불러오곤 한다.

나는 국민(초등)학교 4학년까지 충북 옥천군 안남면 소재지의 안남초등학교를 다니다 부모님의 이사로 인하여 충북 옥천군 안내초등학교를 2년 동안 다녔다.

안남초등학교를 6km(15리 길)을 걸어서 등하교를 했고, 안내초등학교는 2km(5리 길)을 걸어서 등하교를 했다.

학교는 오래된 일식 건물에 바닥이 시멘트로 보수되어 있었다.

좀 산다는 집 애들은 운동화처럼 생긴 실내화를 신었으나 대부분 아이들은 낡은 고무신 뒤꿈치 쪽을 잘라내어 신고 다녔다.

나는 아버지가 사 주신 하얀 고무신을 신고 다녔다.

초등학교 내내 검은 고무신을 애지중지 아껴 신는 친구들도 상당수였다.

하교 시 개천에서 다슬기나 피라미를 잡아 고무신짝에 담았다.

고무신 한 짝을 구부려 다른 한 짝에 넣어 돛단배를 만들어 여울에 띄워 뱃놀이도 하였고 아이들끼리 누가 멀리 보내나 던지기 시합도 하며 놀았다.

다만 비 오는 날 밭에라도 가면 빗물과 함께 흙이 들어가 미끄러지는 흠이 있지만 도랑물에 훌쩍 헹구면 빠닥빠닥하게 바로 신을 수 있는 등 좋은 추억이 많았다.

좁은 읍내에서 가을 운동회는 연중행사로서 가장 즐거운 축제였다.

청군 이겨라 백군 이겨라 목이 터지게 응원가도 부르고 삶은 계란이나 김밥이며 군밤도 맘껏 먹을 수 있었다.

새 운동화를 신고 펄쩍펄쩍 망아지처럼 뛰놀던 시절이었다.

중학교 시험 보러 가기 전날 어머니가 면 소재지에 있는 신발 가게로 나를 데리고 가셨다.

"애가 신을 운동화 좀 보여주셔요."

주인은 새로 나온 왕자표 운동화를 골라주며 신어보라고 하셨다.

그냥 운동화도 아니고 그 비싼 청색 스파이크는 발에 착 감기는 착용감이 황홀할 지경이었다.

청색 스파이크를 가슴에 안고 나는 듯이 집에 와 흰 끈을 꿰어 머리맡에 모셔두고 내일 시험 보러 갈 생각을 하니 가슴이 뛰고 잠도 오질 않았다.

이튿날 아침을 먹는 둥 마는 둥 청색 스파이크에 발을 넣으니 미끄러지듯 들어간다.

중학교까지 6km(15리 길)를 어떻게 걸어갔는지도 모르겠다.

진눈깨비가 내리는 길 위에 스파이크를 신은 내 발자국이 선명하다.

미끄러워도 운동화 안으로 물도 들어오지 않는다.

중학교에 도착하니 바닥이 나무 마루인지라 신발을 벗고 들어가야 한단다. 실내화도 가져오지 않았는데….

운동화는 복도의 신발장에 넣고 시험을 보는데 시험을 보면서도 시선은 계속 신발장의 운동화에 가 있다.

한 시간이 끝나고 나와서 신발장의 운동화를 확인했다. 시험 보러 왔는지 운동화 지키러 왔는지 모르겠다.

마지막 시간에는 시험지에 답을 다 쓴 사람은 답안지를 내고 돌아가란다.

하나둘, 답안지를 내고 나가는데 불안감도 있고 조금 지체하는 동안 몇 명만이 아직 풀지 못한 시험 문제를 뒤척이고 있다.

다시 한번 문제지를 검토 후 시험지를 내고 나가 보니 복도의 신발장 안에 있어야 할 운동화가 감쪽같이 사라졌다. 하늘이 노랗다는 말이 실감 난다. 이리저리 운동화를 찾아도 보이지를 않는다. 마지막 시간이라 각자 집으로 향했기에 어디에서 어떤 경로로도 찾을 수 있는 방법이 없었다.

당시 중학교 시험은 120명 2개 반 모집에 안내초등학교 2개 반(120명) 안남초등학교 2개 반(120명) 응시로 2:1의 비율이었다.

이날 시험은 수험표를 부여받아 3개 교실에서 시험을 보았기에 시험이 끝나면 각자 집으로 돌아갔다.

잃어버린 운동화 찾기는 불가능했다. 교무실에 가서 선생님께 이야기하니 선생님도 황당한 모양이다. 밖을 보니 진눈깨비가 제법 쌓여 질퍽거린다.

시험이 모두 끝나고 아이들이 다 가고 신발장을 보니 너덜너덜하게 떨어지고 바닥이 젖어 있는 검은 운동화가 한 켤레 남아 있다. 분명 내 새 운동화를 신고 간 범인의 운동화일 텐데 그땐 그 생각조차 할 수 없었는지 참 바보 같았다.

선생님은 그거라도 신고 가라고 하셨으나 나는 그냥 맨발로 진눈깨비에 질척거리는 먼 길을 걸어 집으로 돌아왔다.

어머니는 얼른 더운물을 떠다 발을 씻겨주셨고 사연을 들으신 아버지는 "저 미련한 놈" 하며 혀를 끌끌 차셨다. 그땐 어린 마음에 운동화를 잃은 아픔에 하늘이 무너지는 것 같았다.

참 순수하고 맑은 시절이었지. 그땐….

잘 가세요 장모님

    지난 6월 24일 오후 11시 40분, 향년 89세로 장모님이 돌아가셨다는 소식을 접했다.
    코로나 때문에 요양원에 계시던 장모님을 자식들은 임종도 못 한 채 결국 혼자서 저세상으로 가셨다.
    요양원에 입원해 계시는 장인어른께 장모님이 돌아가셨다는 소식도 전하지 못했다.
    2남 5녀의 다복한 자식들과 그 슬하에 손자들, 외손들, 상복을 입고 있는 자손을 보니 60여 명의 대가족이다.
    그러나 코로나19라는 괴물 때문에 혼자 쓸쓸히 떠나셨으니 억울하고 애석할 따름이다.
    입관을 앞두고 곱게 화장을 하시고 안동 모시 수의를 입고 계심에 어찌 저리 곱게 편히 잠들어 계실까, 눈시울이 뜨거워 온다.
    10년 전 장인어른과 장모님의 수의를 손수 장만하시어 보관하다가 갈아입고 먼 길을 떠나셨다. 마지막 가시는 길 자식들 모두 얼굴 비비며 서러움의 통곡을 자아낸다.
    장례 지도사들의 배려에 감사함을 표하고 이제 입관을 마쳤다.
    이제부터 젯밥을 차려 첫 제를 올린다.

맏상제가 제례 잔에 술을 올리고 상주는 곡을 시작하고 제주들은 세상 떠난 자의 아쉬움을 곡으로 위로한다.

이에 비로소 빈소에서 상주로서 조문객을 받는 절차가 이루어진다.

보통 삼일장, 오일장으로 시작하나 우리는 돌아가신 날이 전날 밤 12시를 넘기지 않은 시각이니 그날 하루는 그냥 지나가고 이튿날 발인이니 하루가 단축되어 분주하기 그지없다.

입관하고 나니 오후 2시 상주들은 정장으로 옷을 갈아입는다. 상주는 검은색 양복에 오른쪽 팔에 세 줄의 띠를 두른 삼배 완장을 두르고 출가 외인인 딸들은 하얀 소복에 머리에 매듭 모양의 핀이 달린 흰 리본을 머리에 꽂고 상주임을 알린다. 사위들은 두 줄 테의 완장을 두르고 조문객을 상주와 같이 맞이한다.

손주들 외 직계 친족들은 한 줄 테의 완장으로, 그리고 아직 결혼을 하지 않은 직계 손주들 외는 줄 없는 완장을 두르고 상주임을 고한다.

오후 5시 첫 제사를 시작으로 고인의 편안한 식사를 올리는 제례가 이어지고 다시 곡(哭)이 이어진다.

이승에서의 영혼을 보내며 저승으로 가기 위한 절차의 순서를 시작한다.

밤 9시가 되어 문상객들을 받는데 코로나19의 여파로 간소하게 가족들만의 입회로 치르려 했다.

그러나 여러 곳에서 문상객이 줄을 잇고, 그 와중에 우리 53방 대충 전라 지역 친구들이 문상을 왔다.

대전에서 포항까지 3시간을 달려와 주었으니 이런 황공할 데가 있을까.

이튿날 발인을 시작으로 영정을 모시고 생전에 사시던 시골집 안을 한 바퀴 돌아 나오셨다. 이승에서의 모든 미련 버리고 편안히 가시라고 아끼던 밥사발을 문전에서 깨트렸다.

영정을 모신 장손이 밟고 지나며 마지막 아쉬움을 뒤로하고 이웃 정든 사람들에게 인사하고 화장장으로 떠나셨다.

장례 차량에 올라 먼 길 노자로 쓰시라고 상주들의 성의를 차에 묶어 놓은 밧줄 사이사이에 꽂아놓는다.

장례를 마친 후 기사님이 가져가는 것이라 하여 십여 개의 봉투로 나누어 장식하였다.

화장장 예약 시간이 되어 운구차에 모셔진 장모님의 관이 손자들에 들려 소각로로 들어서니 눈물이 앞을 가린다. 마지막 뵙는 이승에서의 모습에 운구 영정에 모두 손을 얹고 곡을 한다.

소각로로 진입해 불길이 관을 덮는 순간, "어머니! 집에 불났어요. 일어나 얼른 나오세요! 어머니" 맏상제의 외침이 상주들의 오열을 불러온다.

1시간 30분의 화장으로 한 줌의 재가 되어 돌아가니 생이란 얼마나 허망한 일생인가?

장모님 편안히 가소서. 저승에 가시면 아픔 없고 슬픔 없는 행복을 누리소서.

내 소녀 어디 갔을까

내가 다닌 중학교는 등·하굣길이 걸어서 한 시간 남짓 걸리는 거리였다.

일찍 일어나 부모님 일손을 도와 논밭으로 나가 1시간 정도의 일을 도운 후 집으로 와 부지런히 세수하고 책가방 챙겨 학교 가기에 바쁜 일상이었다.

그나마 챙겨주는 도시락을 위안으로 아침밥을 거른 배고픔마저 뒤로한 채 서둘러 등교를 한다.

남녀 공학의 시골 중학교 친구들은 거의 초등학교도 함께 다닌, 낯익은 모습들이다.

중 3년을 함께 지내다 보면 남녀 간 좋아하는 친구들이 속속 수면 위로 드러나게 마련이다. 친구들에게 부러움의 대상이 되기도 하고 질투의 대상이 되기도 한다.

내 소년도 홍역처럼 짝사랑하는 여자가 생겼다.

초등학교 중학교 내내 한 반이었기에 눈인사만으로 비껴가는 수줍은 사이였던 소녀다.

늘 주변 친구들의 보이지 않는 감시에 좀처럼 그녀에게 다가갈 기회가 없었다.

그 친구는 항상 빨간 책가방을 들고 다녔다. 중학생치곤 큰 키에 수줍음이 많고 고운 여자였다.

다들 키가 고만고만했는데 이 친구는 유독 큰 키에 사슴처럼 목이 긴 여자다.

수줍음과 냉정함을 가지고 있어 접근할 틈을 주지 않아 어정쩡한 상태로 2년을 보냈다.

나의 속마음을 친구들은 이미 눈치챈 듯 소문이 돌기 시작했다.

이름을 거론하지는 않고 종길이는 빨간 가방을 선호한다고 큰 소리로 떠드는 친구도 있었다. 이 친구의 귀에도 그 소문이 들어갔는지 거리감을 두며 나의 접근을 경계했다.

가슴 타는 2년의 내 짝사랑은 3학년 신학기가 지나며 기회가 왔다.

그 친구 집 근처에서 누에고치 매입을 하는 집하장이 생겨 일주일간 행사가 열리게 되었던 것이다.

아침 10시부터 시작하는 행사가 밤 10시까지 진행되었다. 마지막 날 토요일 늦은 저녁이었다. 친구들과 구경을 갔는데 마침 이 친구도 혼자서 누에고치 매매 품평회를 관람하고 있었다. 친구들이 빨간 가방 혼자 있으니 어서 가보라고 등을 떠밀며 짓궂게 놀려댔다.

떠들썩한 친구들의 장난에 이 친구도 눈치를 채고 창피한 듯 서둘러 자리를 떴다.

나는 용기를 냈다. 급히 그의 뒤를 따라가 인사를 하니 놀란 토끼처럼 잔뜩 경계하며 바삐 발걸음을 옮겼다. 나도 그의 뒤를 따라나섰다.

누가 보기라도 하면 어쩌나 걱정하며 인적이 없는 둑길로 걸어갔다. 이 친구가 체념한 듯 걸음을 멈추고 여기까지 왜 따라왔느냐고 반문한다.

2년 만에 나누는 우리들의 첫 대화였다.

어디서 이런 용기가 생겼는지 '너 보러 왔다'고 한마디 내뱉었다. 당돌한 말에 잠시 놀란 듯했으나 거리를 좁혀 멋쩍고 어설픈 대화가 오갔다.

집안에 조부모님과 부모님과 동생들 셋인데 어머니가 건강이 안 좋아 학교 다니며 집안 살림을 도맡아 한다고 했다. 그녀는 다른 생각을 할 여유가 없다는 가정사를 털어놓는다.

그녀는 공부도 잘하고 하얀 얼굴의 피부색을 가진 내가 호감이 갔다고 속마음을 보였다.

그러나 친구들의 놀림도 부담이 된다는 이야기도 한다.

자신은 집 안 살림을 맡아 하기에 학교생활도 제대로 못 한다고 말하는 그녀가 나는 안쓰러웠다.

자기 할아버지와 우리 할아버지가 친구인지라 가끔씩 그녀의 집에 오시면 술상도 차려 대접해 드린 적도 있다고 했다.

그때마다 손자 자랑하며 자기를 손자며느리 삼겠다고 우리 할아버지가 종종 말씀하셨다고 했다. 하여 나에 대해서 소상히 알고 있다고 덧붙여 설명해 주었다.

영리하고 공부 잘하는 나에 대한 호감을 가지고 있던 그녀인지라 우리는 이심전심이었던 모양이다.

나의 느닷없는 출현에 당황했고 혹시나 부모님들 눈에 뜨일까 봐 걱정도 되었을 터이다.

우리는 한동안 손장난을 하며 이야기를 이어갔다. 경계심이 사라지자 자연스레 가까워져 웃음이 터졌다. 시간 가는 줄 모르고 시시콜콜 많은 대화가 오갔다.

누군가 우리 곁으로 다가오는 것도 모른 채 우리는 천진난만하게 즐거웠던 것이다.

좋은 일에는 반드시 마가 낀다고 누군가 느닷없이 나의 멱살을 잡고 힘을 주는데 숨을 쉴 수가 없었다.

그는 손전등으로 내 얼굴을 비추며 다그친다. 누구인데 우리 종순이를 여기까지 데려왔느냐고 종주먹이다.

중학교 3학년의 약골체인 내가 버티기엔 무리여서 순응할 수밖에 없었다.

큰 손바닥이 뺨따귀를 매섭게 후려쳤다.

순간 그녀가 외마디 비명을 질렀다.

"아버지, 용서해 주세요."

그녀의 아버지가 멱살을 잡고 그녀의 어머니가 나의 따귀를 가격한 모양이다.

얼얼함과 무서운 공포 속에 그래도 정신을 차려보자는 마음을 단단히 먹었다.

호랑이 굴에 들어가도 정신을 차려야 한다고 하지 않던가.

좁은 마을에서 자기 여식과 만나는 친구를 어찌하랴 하는 희망이 약간의 안도감을 가져다준다.

아마 멀리서 자기 딸이 발 빠르게 도망치듯 집 방향과 다른 방향으로 가는 것을 목격한 어머니가 아버지에게 연락해서 찾아 나섰다가 어두컴컴한 곳에서 도란도란 이야기하는 우리를 발견한 것이다.

"누군데 우리 종순이를 데리고 이곳에 온 거야."

"뉘 집 자식인겨. 너 이놈 알고 있는 거야? 바른대로 이야기하지 못해?"

"우리 학교 친구예요, 여기 놀러 왔다 그냥 본 거예요."

"그래, 너는 아무 일 없는 거야. 뉘 집 자식인지 말해봐."

그제야 잡은 멱살을 풀어주고 손전등으로 얼굴을 다시 비춰 보며 딸의 이곳저곳을 훑어보며 안심을 하는 듯하다.

"네가 말해봐, 종순이 너 언제부터 이놈 만나고 다닌 거야. 그리고 어디 사는 누구인지 어여 말해."

"아버지, 정방 사시는 조풍수 할아버지 손자예요. 할아버지 친구요."

"뭐여 학식깨나 있는 집안의 손자가 공부는 안 하고 이런 곳까지 여자나 따라다니며 집안 망신시킬 일 있어."

"그리고 너는 다 큰 계집애가 동네 창피하게 이런 곳에서 연애질이나 하고 내가 그렇게 가르치디?"

"아비야, 그만해라. 조풍수 양반 손자라 하니 나쁜 애 같지는 않으니 보내줘라."

함께 온 종순이 할머니는 그만 보내주라고 아들 내외를 타이른다.

"그래요, 이년이 문제지. 아무 데나 겁도 없이 따라가는 게 잘못이지. 아버지에게 잘못했다고 빌어."

"아버지 잘못했어요."

"내 자네 조부를 봐서 보내주니 다시는 우리 종순이 곁에 얼씬도 말게. 자네 조부님께 내가 이야기하겠네."

할아버지 함자 덕분에 겨우 풀려나고 그날 일은 마무리되었다.

그 이튿날 등굣길에 멋쩍게 마주친 우리는 눈인사로만 아는 체했다.

친구들의 놀림대로 빨간 가방 종순이는 나의 여자로 낙인찍힌 채 졸업을 했다.

몇 년 전, 우리 초중학교 동창생인 순분이의 아들 결혼식에 참석했다. 대전에서 은행에 다니며 초, 중 2년 선배와 결혼 후 아들 둘 낳고 남편과 사별 후 치르는 늦은 혼사였다.

이 친구는 종순이와 한동네에 살았고 친척이라 종순이의 소식을 들을 수 있겠다 싶었다.

여러 친구들과 잠실 교통회관에 자리를 잡고 앉았다. 마침 혼주인 순분이가 인사하라며 누군가를 소개시키는데 내가 꿈에 그리던 종순이란다.

아니! 이럴 수가… 옛날 모습이라곤 찾아볼 수 없는 그런 낯선 아주머니가 아닌가?

그녀는 쓸쓸한 웃음만 남긴 채 가족들이 있는 곳으로 훌쩍 가버린다.

결혼식이 진행되는 동안 옆의 친구들이 쑥덕거림이 거슬렸다.

촌티 나는 남루한 친구의 겉모습만 보고 함부로 조롱하는 듯해서 기분도 우울했다.

잠시 후 혼주인 순분이가 다가와 종순에게 가보란다.

종순이 옆자리에 앉으니 얼른 맥주 한 잔을 따라 주며 "술 한 잔 받고 나도 한 잔 줘봐" 한다.

친정아버지 혼자되시고 직장 다니며 20년 동생들 뒷바라지하느라 고등학교 진학도 못 했다고 했나.

생활고에 찌든 모습으로 미루어 짐작이 갔다. 그녀가 얼마나 세파에 부대끼며 삶의 무게에 짓눌려 건너온 세월이 고단했을지….

아, 목이 긴 사슴처럼 순한 눈망울의 청순한 나의 소녀는 어디로 사라졌을까?

안경을 벗고

아침저녁으로 차가운 공기가 옷깃을 여미게 한다. 벌써 가을이 지나고 있구나 하는 아쉬움과 세월의 무력함에 허탈감마저 느껴지는 듯하다.

출근길 마스크를 의무감으로 착용하고 나서다 보면 입김이 안경알에 서려 눈을 흐릿하게 하곤 한다. 이럴 때마다 느끼는 것은 안경 낀 사람들의 불편함에 대한 고충이다.

코로나가 이렇게 많은 사람들에게 불편함을 주는 게 한두 가지가 아니다. 계절을 불문하고 사시사철 불편함을 주는 코로나의 위력에 사람들은 무력감으로 지쳐간다.

노안 수술을 받고 안경을 벗으면서 시야에 잡히는 모든 사물이 또렷하게 보였다. 신기한 세상을 펼쳐놓는 것이다.

안경을 벗은 지 벌써 2년이란 시간이 흘렀다.

2년 전, 그날따라 눈에 대한 피로감이 심했다. 눈이 침침하고 물체가 또렷하게 보이지 않기에 눈을 비비며 생각에 잠긴다. 나이 탓이라고 스스로 자가 진단하며 마음에 위안을 가져보았다.

내가 할 일이 많은데 사무실에서 서류 정리며, 이것저것 걱정이 앞선다.

그때 아내의 권유로 노안 수술을 하게 된 건 참 잘한 일이다.

술 한잔하고 실수하여 안경테가 부러지고 안경알이 빠져 깨지고, 사는 게 어려웠을 때였다.

돈 들어갈 구멍은 많고 난감했던 기억이다.

안과에서는 백내장이 있고 녹내장도 초기 증상을 보인다는 진단 결과를 내놓는다. 녹내장은 약물로 서서히 진행을 더디게 하는 수밖에 없다고 의사가 말한다.

그 후 와이프와 자식 놈의 자문을 받았다.

서울 소재의 병원에 가서 진찰과 상담을 받고 수술 날짜를 잡았다. 휴가 일정을 조율하고 분주하지만 차질 없이 분주하게 진행되는 듯했는데 한 가지 간과한 사실 앞에 아연실색했다.

운전을 당분간 할 수 없으니 다른 교통수단을 이용하라고 한다.

와이프가 직장 생활을 하는지라 동행이 어려워 궁여지책으로 포항에 있는 아들놈이 휴가를 받았으니 그나마 다행이었다.

보험으로 처리하는 줄 알고 준비를 못 했는데 수술비 결제가 문제였다. 선결제하고 서류를 받아 보험금 청구를 하는 거라고 한다.

이 나이가 되어도 이렇게 덤벙대다니 세 살 버릇 여든 간다고 했든가?

양쪽 눈의 수술비가 약 9백만 원이란다.

달랑 몸만 왔으니 난처했다. 이래서 세상사 경험이 있어야 되거늘 아들놈도 병원에 근무하는 놈이 이렇게 몰랐던가 싶다.

카드로 결제하려니 한도 1,000만 원이라 부랴부랴 아들놈 카드하고 병행해서 해결하고 한쪽 눈부터 수술이 시작되었다.

다초점렌즈로 제작된 렌즈를 삽입하고 이튿날 다시 한쪽을 수술했다.

이튿날 금요일이라 와이프가 대신 아들놈하고 교대했다.

하루 지나 안대를 풀고 나니 어리어리한데 보이기는 참 잘 보인다. 새로운 세상을 보는 듯하다.

원장 선생님께서 수술이 잘 되었네요 한다. 그 한마디가 왜 이리 고마운지….

내 돈 내고 하는 수술 잘되어야 정상인데 말이다.

모든 절차를 마치고 귀향하려는데 와이프가 서울 시내 운전을 못 하겠다고 내숭이다.

차를 가지고 올라왔다고 투덜거리는 와이프 잔소리를 뒤로하며 무사히 귀향했다.

일주일 뒤 수술 후의 달라진 내 모습을 보며 토요일의 늦은 시간에 우리는 고속도로를 달려 자식 놈이 있는 포항으로 가고 있었다.

세상에 이렇게 좋을 수가 있을까? 안경으로 교정시력을 확보한 다초점렌즈에 원거리 근거리를 안경 올려가며 맞추던 그런 불편함이 없으니 이보다 더 좋을 수가 있을까.

포항에 무사히 도착하니 손자 놈들이 할아버지 병원에 왜 입원했느냐고 묻는다.

"할아버지 병원에서 안 무서웠어요?"

그런데 한술 더 뜨는 손녀딸 한마디다.

"할아버지! 할아버지는 안경 써야 멋있는데."

내가 괜히 수술해서 우리 손녀딸 실망시켰나?

우리는 아들 내외와 우리 부부 다 안경을 착용하고 있다.

며느리가 4년 전에 라식 수술을 받아 유일하게 안경을 착용하지 않는다. 아마 그래서 눈 수술을 받고 안경을 벗은 할아버지 모습이 더 낯설던 모양이다.

그것도 아니라면 정말 할아버지의 안경 쓴 모습이 멋있어 보였던 것일까?

다람쥐가 주는 교훈

　다람쥐는 가을이 오면 겨울 양식인 도토리나 알밤 따위를 부지런히 모아 땅에 묻는다. 그러나 묻어둔 장소를 다 기억하지 못한단다. 결국 다람쥐의 겨울 식량이 되지 못한 도토리는 나중에 씨앗이 되어 나무를 키워내고 다시 다람쥐에게 먹이를 선물한다.
　다람쥐의 기억력이 탁월해서 묻어둔 도토리를 전부 찾아 먹어버렸다면, 아마도 산속에 도토리나무는 씨가 말랐을 것이다.
　다람쥐는 이 어리석음 때문에 또 다른 미래의 식량을 제공받게 되는 셈이다.
　요즘 세상에는 어리석은 사람을 찾기가 어렵다. 모두 영리하고 똑똑하고 계산이 빨라 잇속에도 밝다. 영리하다 못해 영악하기 그지없다.
　옛말에 "기지(其智)는 가급(可及)하나, 기우(其愚)는 불가급(不可及)하다"라는 말이 있다. 똑똑한 사람은 따라 할 수 있으나 어리석은 자는 흉내 낼 수 없다.
　사람은 영리해지기는 쉬워도 어리석어지기는 힘들다. 그만큼 어리석음을 따라 하기가 더 힘들다. 자기를 낮추는 것이기 때문이다.
　영악한 사람은 사람에게 상처를 줄 수 있으며 어리석은 사람은 사랑을 받을 수 있다.

사실 사람에게 허점이 있으면 다른 사람이 그걸 채워주려고 한다.

사람의 관계가 그런 것이다.

서로의 모자람을 채워주고 어리석음을 감싸주며 미숙함을 배려해 주는 것이야말로 인간관계를 형성해 주는 것이다.

내가 똑똑하면 남에게 배울 게 없다. 그 사람은 고독한 시간을 많이 보내게 된다. 남이 다가가지 않기 때문이다.

가끔은 일부러라도 모르는 척, 어리석은 척, 못난 척하며 사는 것이 되레 도움이 될 때가 있다.

노자는 "알면서 모르는 것이 최상이요, 모르면서 안다 함이 병이다"라고 했다. 남을 속이는 것이 아니라면 가끔은 어리석은 척하며 살아보자.

내가 모자란다고 하니, 남과 분쟁도 없을 것이고 도리어 남이 내게 도움을 주려고 할 것이다.

세 가지의 소원

한가위가 며칠 앞으로 다가왔다. 올해는 환한 보름달을 만나고 싶다.

누가 알려주었을까? 우리는 추석날 밤이면 비장한 마음으로 달을 찾는다. 마음 깊이 품은 소원을 빌기도 하고 사랑하는 사람들의 건강을 기원하기 위해서다.

추석 달맞이는 우리나라의 고유 풍속으로 지역마다 흥미로운 유례가 있다. 남보다 먼저 보름달을 보면 아들을 낳게 된다고 하여 달맞이를 양보하기도 하고 달의 모양을 보며 풍년이나 흉년을 점친다고 한다.

내가 아는 소원 중 최고는 백범 김구의 '나의 소원'이 아닐까 싶다. 간절한 구국의 정신이 담겨 있어서인지 역사 속의 소원을 응원했었다.

그리고 기억 속 최악의 소원은 통일을 기원하며 '우리의 소원'을 부르던 어린 시절인 것 같다.

아직도 가사를 잊지 않고 있으니 머리와 입에는 남았으나 마음에까지 남아 있는지는 장담할 수 없다.

이선미 작가의 『진짜 내 소원(글로연)』은 국가의 이념이나 암묵적 요구에 의한 공적 소원과는 매우 다르다. 이야기는 이렇다.

아이는 어느 날 램프의 요정으로부터 세 가지 소원을 말할 기회를 얻는다.

공부를 잘하게 해달라는 첫 번째 소원을 말했더니 엄마가 1등을 한다.

두 번째 소원으로 부자가 되게 해달라고 하자 아버지의 차가 새 차로 바뀐다.

왜 소원은 늘 세 가지만 들어주는 걸까.

진짜 내 소원을 말할 수 없어 고민하는 아이에게 램프의 요정은 좋아하는 꽃은 무엇인지, 좋아하는 음악은 무엇인지 묻는다.

그리고 자신이 좋아하는 것을 아는 것, 싫어하는 것을 아는 것을 소원을 찾는 데 중요하다고 이야기한다.

그래서 아이는 1년 후에 세 번째 소원을 말하겠다고 한다.

1년 후 진짜 내 소원을 말할 준비가 된 아이가 램프의 요정을 부르지만 요정은 호리병에서 나오지 않는다.

1년 후에 말하겠다고 했던 것이 세 번째 소원이라면서 말이다.

결국 아이가 진짜 소원을 이룰 수 없는 것으로 이야기는 끝이 났지만 내 마음은 뿌듯하다.

아이가 빼꼭하게 적어놓은 소원 때문인 것 같다.

아이의 달라진 변화가 눈에는 보이지 않지만 누구나 느낄 수 있을 것이다.

나를 알아간나는 것과 그것을 바탕으로 한 나의 소원을 말하기는 쉽지 않다. 이것은 매우 창조적이며 개인적인 과정이다.

공부 잘하기와 소원은 어떻게 만들어진 것일까.

문장을 완성하는 심리검사의 문항에 세 가지 소원을 적는 항목이 있다. 많은 아이들이 좋은 집으로 이사하기로, 로또 당첨, 공부 잘하기를 적는다고 한다. 이유를 물어보면 그 이면에 엄마와 아버지가 있다고 한다. 그러니 이 소원은 자신의 소원이 아니라 내적 대상의 소원이라 할 수 있다.

내적 대상은 다른 사람들과 맺는 관계의 양상을 보여주는 심리 내적 표상을 일컫는 용어다.

투사와 내사는 정신분석에서 중요하게 다루는 심리 기제로 아이들은 성장하면서 연속적으로 부모에게 자신이 수용하기 어려운 감정을 투사하고 부모의 불안이나 소망을 내사한다고 한다.

공부 잘하기와 부자 되기는 부모의 소원을 내재화한 것으로 그들의 의도에 반응하고자 하는 아이의 마음이라 한다.

내적 대상은 아이만이 갖는 관계 경험은 아니다. 이것은 배우자에게 전이될 수 있다.

성숙한 대상관계란 자기와는 별개인, 보다 객관적인 대상으로 관계를 맺어가는 것이다.

1년 중 가장 큰 보름달을 볼 수 있는 이번 추석에 나만의 진짜 소원을, 그리고 간절한 코로나 종식을 빌 예정이다.

담배꽁초의 폐해

비가 많이 올 때마다 반복되는 문제 하나가 물이 잘 빠지게 해주는 빗물받이의 막힘 문제라고 한다.

장대비가 내린 날 근무하는 행정복지센터는 물이 빠지지 않고 고여 있어서 불편하다는 민원이 접수되는 사항이 많다고 한다. 담당자가 점검에 나서고 비가 그친 후 담배꽁초나 쓰레기로 가득 차서 막혀 있는 빗물받이 청소를 하는 것이 행정 업무의 일상이 되고 있다고도 한다.

국가정책위원회 연구 발표에서 한 환경공학부 교수가 발표한 '담배꽁초가 도시환경에 미치는 영향'에 따르면 서울시에 설치된 58만 개가량의 빗물받이를 무용지물로 만드는 폐기물 가운데 70%는 담배꽁초라는 것이다.

또한 국립재난안전 연구원 관계자는 "토사나 나뭇가지와 달리 꽁초나 비닐 등 인공 쓰레기는 빗물 배수를 현저하게 방해한다"라고 지적했다.

많은 빗물받이들을 보면 낙엽, 담배꽁초, 쓰레기, 흙더미들이 뭉쳐서 하수도로 빠져나가는 구멍 자체가 꽉 막혀 있는 것을 볼 수 있다.

이러한 경우 집중호우나 장마철에 빗물이 빠져나가지 않으면서 제 기능을 상실할 가능성이 크다.

배수가 되지 않으면 자동차 안전사고 위험도 커질 수밖에 없다. 미끄럽기도 하고 앞차가 물을 치고 가면 물이 많이 올라와 운전자의 시야를

흐리게 한다. 또 배수가 안 되다 보니 악취가 올라오거나 벌레들이 번식하기도 한다.

고인 물 때문에 행인들에게도 피해가 갈 수밖에 없다.

빗물받이에 투기된 꽁초가 일으키는 문제는 비가 많이 올 때만 있는 것이 아니다. 담배꽁초는 하수도를 타고 하수처리장으로 갔다가 강으로, 바다로 흘러간다. 버려진 담배꽁초는 미세 플라스틱으로 쪼개지고 물고기나 조개 등이 이를 먹는다. 이 물고기나 조개가 포획되어 우리 식탁에 올라 인체로 들어가는 전형적인 먹이사슬의 수준이다.

담배꽁초가 해양 쓰레기에서 차지하는 비중은 예상보다 크다고 한다.

국제환경단체 해양보존센터의 연구에 따르면 지난 30여 년간 수거한 해양쓰레기의 3분의 1이 담배꽁초로 나타났다.

우리나라의 상황도 크게 다르지 않다고 한다.

한국 해양 구조단이 해안, 해저에서 해양 쓰레기를 수거한 결과 담배꽁초가 전체의 21%로 가장 큰 비중을 차지한다고 심각성을 발표했다.

버려진 꽁초는 자연 훼손은 물론 사람에게도 심각한 피해를 준다. 하수구에 버려진 꽁초를 쉽게 넘겨서는 안 되는 이유다.

매년 각 지자체별로 빗물받이 관리에 노력을 쏟고는 있으나 아무리 세금을 들여서 청소하더라도 누군가 담배꽁초를 투기하는 행위를 계속한다면 깨진 독에 물 붓는 격이리라.

담배를 피우는 것은 자유지만 담배꽁초를 투기하는 것은 자유가 아니다. 우리가 다니는 길에는 버려진 담배꽁초가 아닌 깨끗한 양심이 있고, 우리의 식탁에는 미세 플라스틱이 아닌 건강한 음식만 올라왔으면 좋겠다.

2부

구름이 흘러가는 곳

하늘은 물감을 풀어놓은 듯 맑고 푸르다.

기다리는 사람도 만날 사람도 없다. 하지만 아직도 살랑거리는 바람이 불면 가슴 설레고 가랑비라도 내리는 날엔 시린 가슴이 먼저 촉촉하게 젖는다.

육십을 넘어 칠십이 되면 모진 세월 앞에 굴복해 버릴 줄 알았다. 그런데 이놈의 마음은 시간을 초월해 고삐 풀린 망아지처럼 날뛴다. 내가 내 마음을 다스리지 못하고 끌려다니는 꼴이라니…

자꾸만 뒤돌아보는 지난 세월에서 무엇을 찾고 싶은 걸까. 못다 한 미련이 있어 젊음을 갈망하고 있는 걸까 갈피를 잡을 수가 없다.

체념도 포기도 안 되어 어정쩡한 자세로 칠십 고개에 이르렀다.

중년의 세월은 무거운 짐을 지고 뛰면서 위안 삼았던 말이 오십만 넘기면 이제 휘청거리지 않아도 되리라 믿었었다.

그러다 지금은 나이도 잊은 채 지금도 여전히 가슴속은 피 끓는 청춘이다.

그 끓는 피를 잠재우기가 쉽지 않다.

쏟아지는 한가을 볕이 구름 속에 잠시 멈춰 쉬는가 싶어 창밖을 내다본다. 파란 하늘에 높게 떠 흘러가는 쪽빛 구름이 손짓을 한다.

누군가가 필요하고 옆에 두고 함께하고 싶어진다. 그러나 뚜렷한 대상은 없다.

반면교사

　최근 아프가니스탄 사태를 보며 많은 걸 생각한다. 나라의 주권이 당연히 존재하는 게 아니라는 걸 깨닫는다.
　경술국치일(庚戌國恥日)을 다시 생각한다.
　111년 전 조선왕조로부터 대한제국으로 이어져 온 국체가 멸망한 날이다. 1910년 8월 29일 오늘 한일합방 조약이 발효됐다. 이로써 조선은 건국 518년 만에 영원히 역사 속으로 사라졌다. 백성들은 이후 34년 11개월 동안 유례없는 수난을 겪었다.
　1910년대엔 일제의 무단 통치로 고통을 겪었으며, 1920년대엔 문화 통치로 기만까지 당했다.
　그 후 1930년대부터 해방까지는 민족말살정책으로 한시도 편할 날이 없었다. 삶은 항상 어려웠으며 일제에 협력하는 친일파도 다수 생겨났다.
　일제 강점기 땐 각종 공출과 노역, 징병에 동원되었고 민족 전체가 전쟁 도구로 이용되었다.
　오늘 8월 29일은 그런 국가적, 민족적 치욕의 출발점이다. 결코 잊어서는 안 되는 역사적 사실이다.
　그런데 지금 국민들에게 '경술국치' 일은 낯설기만 하다. 모르는 사람이 너무 많다. 오죽하면 다시 기념일로 지정해 국가의 치욕을 잊지 말자는 의견이 나올 정도다.

'경술국치'는 국권 피탈과 강탈의 치욕이다. 1904년 러시아와 일본은 전쟁을 벌였다. 만주와 조선의 지배권을 갖기 위해서였다.

1년여 전쟁 끝에 일본이 승리했기에 일본은 이때부터 조선을 침탈하기 시작했다. 급기야 1905년 11월 17일 을사늑약을 체결하였으며, 강제로 체결된 이 조약에는 한국의 외교권 박탈 조항이 들어 있었다.

통감부를 설치한다는 내용에 따라 1909년엔 기유각서를 통해 사법권을 박탈까지 하는 등 이듬해 6월엔 경찰권까지 박탈했다. 1910년 8월 22일 불법 한일병합에 관한 조약을 강제로 체결하고 같은 해 8월 29일 관보 게시와 함께 조선으로부터 이어져 온 대한제국은 국권을 잃게 되었으니 경술년에 겪은 나라의 치욕이었다.

'경술국치'는 어느 날 갑자기 찾아온 게 아니다. 국제정세를 제대로 파악하지 못해 외세의 침략에 효과적으로 대처하지 못한 잘못에서 비롯된 교훈이 아니라 할 수 없다.

지금으로부터 111년 전 일이다. 이날을 기억해야 하는 이유는 뭘까, 무슨 의미일까.

역사를 돌아보면서 지도자나 지배계급이 무능할 때 국가는 혼란스러웠다. 국민통합에 실패할 때 뿌리가 흔들렸다.

외부 세력의 변화에 대응하지 못했을 때 위기에 처하곤 했다. 국가 존망의 사례는 역사를 통해 잘 드러난다.

과거 한반도는 청나라가 쇠락하는 상황에서 20세기를 맞았다. 당시 청나라는 든든한 동맹국이었다. 하지만 패전국이었다. 침탈과 패망에서 우리를 지켜주지 못했다. 하나 일본은 어떠했는가, 역의 패권국인 영국과 협력하여 그 힘으로 부상하는 러시아를 견제했던 것이다.

 우리는 과거를 반면교사(反面教師)로 삼아 오늘은 실패하지 말아야 한다.
 대내적으로 화합의 노력이 절실하다. 내적 통합의 핵심은 국력 증진이다. 대외적으로는 동맹국 간 협력을 촉진해야 하며 현대국가는 균형을 잘 맞추어야 한다. 대외 정세를 잘 활용하면서 국가의 이익을 도모해야 한다.
 대한민국은 현재 세계 10위권 안의 경제 대국이다. 늘 자랑스럽다. 하지만 안보와 외교도 이런지는 아직 의문이다.
 대한민국 임시정부는 '경술국치'에 대해 '우리의 뼛속에 깊이 새긴 가장 절통한 민족이 오래 되새겨야 날'이라고 명명했다.
 '경술국치'를 잊어서는 안 되는 이유는 분명하다. 앞으로 제2의 '경술국치'가 발생하지 않도록 '반면교사'로 삼아야 하기 때문이다.
 최근 아프가니스탄 사태는 가슴 아픈 일이다. 일련의 사태가 어떤 자세로 역사를 대할 것인가를 상기시켜 준다.
 전범 국가 일본은 계속 역사 부정에 적반하장(賊反荷杖)을 서슴지 않고 있다.
 역사의 부정은 반드시 역사의 왜곡을 낳게 된다는 점도 뼈에 새겨야 한다.

여름비

   우두커니 창밖으로 쏟아지는 빗줄기를 바라보고 있다. 굵은 장대비는 이내 창문으로 스며든다. 할 수 없이 창문을 닫고 주변을 둘러본다.
   그동안 먼지로 쌓여 있던 누런색의 가로수가 말끔해진 모습으로 진초록의 제 색깔을 찾아 입는다.
   너도나도 상쾌하구나.

정지용 문학관

정지용 시인의 명시 「향수」는 김희갑 작곡 가수 이동원과 테너 박인수가 듀엣으로 부른 한국가곡 100선으로 잘 알려져 있는 정지용의 유명한 시다.

토속적인 우리말을 사용해서 시골의 정경을 묘사했고, 시를 읽을 때면 우리말의 멋을 느낄 수 있다.

내 고향 옥천을 대표하는 정지용 문학관이 지어진 지도 많은 세월이 흘러 이제는 많은 전통 체험과 육영수 생가 사마소(司馬所) 등을 관람하기 위해 문학기행이 이루어지는 등 옥천 향토사학회에서도 많은 노력을 기울이고 있다.

정지용 문학관에 들어서면, 우측으로 정지용의 밀랍 인형이 벤치에 앉아 있으며 방문객들이 인형과 함께 기념 촬영을 할 수 있도록 배려해 놓았다.

전시실은 테마별로 정지용의 문학을 접할 수 있도록 지용 연보, 지용의 삶과 문학, 지용 문학지도, 시, 산문집 초간본 전시 등으로 구성되어 다양한 내용을 체험할 수 있게 진열해 놓는 등 많은 문학도들을 설레게 한다.

몇 년 전 영화 「동주」를 본 적이 있다. 일제 강점기, 한집에서 자란 동갑내기 사촌 윤동주와 송몽규의 이야기였다.

시인을 꿈꾸는 동주와 야망을 불태우는 독립운동가 송몽규는 가까운 벗이면서도 생각이 달랐다. 영화에서 윤동주의 시가 자주 흐르면서 문학작품을 보는 듯한 감성에 젖게 했다.

그들은 일본에 유학 가서 송몽규는 독립운동에 매진하고, 윤동주는 시를 쓰며 시대의 비극을 아파했다.

교토에 있는 도시샤대학(同志大學)을 정지용이 먼저 다녔고 이어서 윤동주가 입학해서 이곳에는 정지용 시비(詩碑)와 윤동주 시비가 나란히 있다고 한다. 윤동주의 시비 「서시」는 오석(烏石)으로, 정지용 시비는 이곳 냇물을 소재로 한 앞 천(川)으로 둘 다 한글과 일본어로 새겨져 있다고 한다.

15년 전 정지용 시비는 옥천문화원 정지용 기념사업회에서 고향인 옥천산 흰색 화강암으로 건립하여 보존해 오고 있다.

겸손한 고양이

내 몸이 녹아내리겠다. 요즘 아침마다 느끼는 날씨에 대한 감상이다. 원래 이렇게 더웠나, 아니 이렇게 따가웠나 싶게 탈진이 밀려온다. 하지만 생각해 보면 산만한 자신 때문에 여름이 지독하게 다가옴을 성찰한다. 여기저기 일을 만들고 있으니 말이다.

시기심과 욕심이 부른 참사다. 다 잘하고 싶고 완벽하게 하고 싶어 몸살이 나는 성향 때문에 자신을 더욱 몰아붙이는 것 같다.

지인들에게 하는 조언은 그럴듯하다. 너답게 살라든가 이만큼 했으니 이제는 쉬어도 된다든가. 스스로에겐 이도 안 들어가는 말로 일상에 지쳐 있는 이들을 위로하곤 했으니, 어느새 나는 가식으로 뭉쳐 있는 듯하다.

아무리 좋아하는 일을 한다고, 또 하고 있다고 해도 내 자신보다 소중하지는 않다. 내가 없으면 내가 좋아하는 일도 없으니까.

미국 작가 완다 가그의 『백만 마리 고양이』를 깊이 읽으며 마음을 수습 중이다. 그녀는 칠 남매 중 맏이로 태어나 일찍 아버지를 여의고 병든 어머니와 동생들의 생계를 위해 죽을힘을 다해 살아야 했다.

물려받은 재능을 이용해 달력이나 카드 등 온갖 일러스트 일을 하며 집안을 일으켰다. 그녀의 좌우명 '살기 위해 그리고 그러기 위해 산다'처럼 좋아하는 그림을 놓기는 싫고 그림을 그려 먹고살기는 호락호락하지 않았으니 모르긴 해도 죽기 살기로 그렸을 것이다.

동생들을 다 키우고 나서 그녀만의 독특한 스타일로 만들어낸 작품이 『백만 마리 고양이』다. 흑과 백으로만 표현된 굵고 거친 선은 그녀의 작품에서 볼 수 있는 문맥의 흐름이다.

이 작품의 스토리는 노부부가 살면서 혼자 사는 할머니의 외로움을 덜어주기 위해 할아버지가 고양이를 구하러 길을 떠나면서 일어나는 이야기다.

많은 고양이들 중에서 한 마리를 데려가려 하는데 도무지 결정을 하지 못한다. 여러 고양이들을 떨쳐내지 못하고 전부 집으로 데려오면서 이야기는 시작된다.

가장 예쁜 고양이 한 마리만 있으면 되었지만 너무 많고 예쁜 고양이들이 따라오는 바람에 어떤 것도 선택하지 못한다. 수만 마리의 고양이는 근처 연못을 마르게 하고 한 입씩 뜯어먹은 풀밭은 벌거숭이 폐허가 되고 만다.

노부부는 생각 끝에 같이 살 고양이를 고양이들이 알아서 결정하게 한다. 그러자 고양이들은 서로 자기가 제일 예쁘다며 싸움을 벌이다 잡아먹히고 마지막까지 살아남은 고양이는 자기가 살아남은 것에 대한 희망을 이야기한다. 자신은 못생긴 새끼 고양이에 지나지 않는다고 겸손해 하였다.

할아버지 욕심에서 나를 보았다. 제대로 된 선택을 하지 못한 최후를 간접 경험했다. 그동안 나는 보이기 위해, 혹은 명성을 위해 자꾸만 자신을 일터로 내몰고 있던 것이다. 분명히 내 삶 어딘가에 도움이 될 거라는 막연한 희망 따위로 자위하며 한여름 휴가도 없이 내 자신을 지치도록 학대했던 것이다.

토너먼트 경기장의 운동선수처럼 가장 잘해야 하는 목표를 찍어 질주해야 하는 것은 아닌지 돌아보게 된다.

사실 지금 내가 하고 있는 일들은 잘하는 일이고 하고 싶은 일이라 지치거나 힘들지 않을 거라고 확신했다. 하지만 역시 쉼과 일에 균형이 있어야 한다. 자기 자랑 싸움에서 소외된 못생긴 고양이는 노부부의 선택을 받아 사랑과 정성으로 키워진다.

못생긴 고양이를 보고 혹자는 겸손하다고 말하는데 그것보다는 자신을 잘 아는 고양이가 아니었을까 생각한다.

겸손은 자랑할 수 있음에도 자신을 낮추는 마음이지만 못생긴 고양이는 단순하게 자신의 처지를 이해하고 받아들인 것이다.

나에게도 쉼이 필요함을 받아들여야겠다.

아무리 좋아하는 일이라도 지나치게 하면 지치고 이것을 방관만 하고 있다가는 아예 좋아하는 것을 할 수 없다는 것을 깨닫는다.

이제 처서도 지나니 조석으로 선선한 바람이 불기 시작한다. 나도 생각을 바꿔 나에게 쉼을 주고, 가만히 기다리는 시간도 필요함을 실천에 옮기고 싶다.

나의 소속

얼마 전 웹툰을 원작으로 한 드라마 '미생(未生)'이 방영돼 직장인들 사이에 말도 많고 인기몰이를 하였던 적이 있다.

드라마는 인턴사원으로 입사한 주인공 장그래가 회사에서 살아남기 위해 고군분투하는 과정을 현실감 있게 그렸다. 본방을 사수하지도 못했고 주위에서 추천을 해주어도 드라마에 대한 관심이 없던 나는 뒤늦게 '미생'이란 드라마를 보았다.

드라마 속 과장, 차장, 부장, 시절을 그리며 현재 몸담고 있는 직장과 구성원들을 떠올려 본다.

어느 회사에서 장그래는 회사에 이익이 될 사업이지만 관행적으로 금기시되고 있고 나서는 사람이 지탄을 받을 사업을 제안한다. 장그래가 속한 영업팀은 사장을 포함한 주요 임원들이 참석한 자리에서 사업제안서를 발표하게 된다. 이미 반대를 하겠다는 자세로 잠석한 임원들은 발상의 전환으로 회사에 이익을 가져다줄 수 있다는 설명에 수긍하게 되고 결국 사업을 추진할 수 있도록 힘을 모아준다. 그리고 행사가 끝나기 전 사장은 인턴사원 장그래에게 묻는다.

"회사에 이익은 되겠지만 모두에게 욕먹을 사업제안을 왜 했지?" 장그래는 잠시 망설이다가 "우리 회사니까요"라고 대답한다.

순간 사장을 포함한 임원들은 잠시 생각에 잠긴다.
우리 회사니까… 나의 회사니까….
회사에 도움이 된다면 내가 욕을 먹어도 괜찮다는 그 말에 회사에 수십 년을 몸담았던 임원들은 한참을 침묵한다.

고등학교를 졸업하고 애국가를 듣거나 불러볼 기회가 드물다.
학창 시절에는 4절까지 외우는 시험도 치렀다. 매일 방송으로 듣고 학교에서 들을 수 있었던 애국가지만 요즘은 통 들을 수가 없다. 왠지 애국심을 상실한 것 같다.
애국가와 마찬가지로 내 입에서 "우리나라"라는 말을 입 밖에 내놓은 지가 언제인지 기억할 수 없을 정도로 낯설다.
우리나라니까, 우리나라라서 내가 지키고 내가 발전시켜야 하는데….
극심한 양극화로 '그들의 나라'와 '헬조선'으로 나누어졌고 이념 노선과 좌우 대결로 '저쪽 나라'와 '이쪽 나라'로 쪼개졌다. 우리나라가 실종된 것 같아 심히 우려스럽다.

장그래가 말했던 '우리 회사'는 어떨까? 회사의 주인이 오너라면 나머지는 종업원들이다. 그의 회사에서 일하는 종업원 중의 한 명일뿐이다. 회사가 어려울 때 자발적으로 월급을 반납하고 회사를 살리기 위해 함께 머리를 맞대고 고민할 필요가 없다.
회사가 망하든 말든 내 월급이 깎이면 안 되고 회사가 어려우면 기를 쓰고 다른 회사로 옮기면 그만이니 뜨내기인 듯하다.
우리 회사는 구성원들이 주인의식을 가질 때 할 수 있는 말이다. 정규

직과 비정규직으로 그들의 회사와 스쳐 가는 회사로 나뉘었고 학연 지연으로 저쪽 라인과 이쪽 라인으로 쪼개졌다.

여야 대선후보들이 이 나라를 이렇게 하겠다는 둥 저렇게 하겠다는 둥 떠들어 대고 있다. 그런데 다들 '그들의 나라', '저쪽 나라'는 안 된다는 말뿐이고 '우리나라'에 대한 이야기는 들을 수가 없다.

코로나19로 달라진 세계에서 '우리나라'를 위해 온 국민이 하나가 될 수 있도록 이끌어 갈 지도자가 이럴 때는 절실히 필요한 이유이기도 하다.

회사가 어려울 때 직원들이 내 회사 내가 지키겠다고 나설 수 있도록 솔선수범할 수 있는 CEO가 필요하다.

2022년에는 우리나라 우리 회사를 거리낌 없이 이야기할 수 있는 세상이 오기를 기대하는 것이다.

그것이 한낱 기우이며 꿈일지라도 말이다.

배롱나무

배롱나무에 꽃이 피어 아파트 정원이 화사하다. 날이 갈수록 분홍색 꽃이 푸른 잎보다 많아진다. 꽃송이가 이런 속도로 불어나면 나무를 뒤덮으리라. 꽃 사태가 일어나는 상상은 생각만 해도 기분이 좋아진다.

파란 하늘에 뭉게구름과 분홍빛 꽃 무리가 한 폭의 그림처럼 펼쳐지는 팔월도 다 저물어 가고 있다.

먼지도 불볕더위라 쉬어 가는지 아지랑이처럼 대지의 열기와 함께 아롱거리며 쉬는 듯하다.

이웃 나라 중국도 공장 가동을 멈추고 휴가를 갔나 보다. 미세먼지란 단어가 코로나에 묻혀버렸는지 잠잠하다.

새벽에 눈을 뜨면 그날의 기후가 훤히 보인다. 시야가 맑고 드넓은 날은 동산도 노을도 멋지게 펼쳐진다. 사람들은 코로나가 사라져도 미세먼지 때문에 마스크를 벗지 못하리라고 말한다. 이것이 자연의 재앙인 모양이다.

먼지는 예전에도 존재했다. 세월의 뒤안길에서도 추억 속에 담겨진 내가 아는 먼지는 질적으로 다르다.

동네 골목을 휘돌아 한참을 걸어 나가면 길게 뻗은 신작로가 보인다.

그 길에는 경운기와 세 발 트럭이 주로 다니고, 택시는 드물게 부의 상징처럼 다녔다.

세 발 트럭이 나타나면 동네 아이들이 신기하여 트럭의 꽁무니를 우르르 따라간다. 도로포장이 되지 않아 트럭은 흙먼지를 뿌옇게 일으키고 멀어져 간다. 어디 그뿐이랴.

맨땅에 소나기라도 내리면 대지는 굵은 빗살로 매를 맞는 듯 타닥타닥 소리를 내며 땅바닥에 깔린 마른 흙이 진저리를 치는 듯 흙먼지가 일어난다.

눈으로 보지 않아도 빗살이 일군 흙내를 예민한 후각이 먼저 알아챈다. 그 시절 동네 아이들이 흙강아지가 되어 몰려다녀도 먼지 때문에 병이 들었다는 이야기를 들어본 적이 없다.

지금의 먼지는 예전과는 너무 악독하고 사악하다. 일상의 먼지가 호흡기 질환을 일으킨다니 먼지를 반길 사람은 없을 것이다.

미세먼지가 심한 날은 노약자의 외출을 삼가야 할 지경이니 어디에 하소연하랴.

편리한 삶을 위하여 생활용품을 만들고 대량 생산을 하여 우리는 무심코 그것을 사용한다.

제품을 만들기 위해 갈고 부수고 깨트리는 등 무수한 공정이 일어난다. 필수품 중 하나인 핸드폰은 하루라도 손안에 없으면 불안함을 느낄 정도의 중독된 물건이다.

그것을 만드는 과정에는 불편한 진실이 있다.

대부분 공단의 가로수는 은행나무이다. 어느 날인가부터 푸른 은행잎이 누렇게 변해 잎사귀가 말리면서 떨어져 가지만 앙상하게 남았다.

이곳저곳에 문의를 하고 담당 구청에 신고도 했었다.

그때는 환경에 자연에 관심이 있어서가 아니고 매일 보는 계절의 변화지만 그래도 때 이른 가을의 보는 듯한 아쉬움에 너 나 없이 은행나무를 입에 올리곤 했다. 이 궁금증을 해소하려다 보니 일이 커졌던 것 같다.

원인은 핸드폰 액정을 만드는 공장의 환기통에서 불어온 바람이었다. 정화되지 않은 상태로 해로운 먼지가 공기와 섞여 문제를 일으킨 것이라는 환경과의 담당자 답변이었다. 이에 따른 행정조치는 공기정화 시설을 설치하였고 행정처분을 받은 일이 있었다.

회사의 이익에 앞서 사전에 주변인을 배려하지 않은 이기주의의 한 단면을 여실히 보여주는 것이다.

여하튼 식물이 시들어 말라버릴 정도였으니 사람에게 얼마나 좋지 않은 영향을 주었으랴.

사람은 먼지를 떠나선 살 수 없는 존재이다.

출근하면서 직장 어린이집 아이들이 마스크를 쓰고 뛰어다니는 모습을 본다. 안타깝고 미안한 마음이 든다.

우리가 후대에게 물려준 게 고작 저런 것인지 자괴감이 든다.

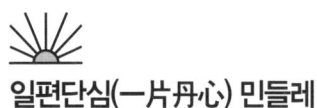
일편단심(一片丹心) 민들레

　옛날에 한 노인이 민들레란 소녀와 단둘이서 살았다.
　노인은 칠십이 넘어서 허리가 활같이 구부려졌지만 아직도 기력이 정정하여 논밭으로 다니면서 일을 하였다. 그 덕분에 두 식구는 먹을 양식을 걱정하지 않고 지낼 수 있었다.
　손녀딸은 나이가 17살로 꽃봉오리처럼 피어오르는 처녀가 되어 욕심을 내지 않는 이가 없었다고 한다. 욕심을 내는 사람 중에 '덕'이라고 부르는 떠꺼머리총각은 노인의 손녀딸을 사모하고 있었다.
　'덕'이는 나무를 하러 산으로 가다가 운이 좋아서 민들레와 마주치면 어쩔 줄을 모르고 나무 지게를 쓸데없이 두드리는 것이 고작이었다.
　덕이는 민들레의 생각으로 병이 날 지경이었다.

　노인의 집은 냇물과 가깝기 내문에 조금만 비가 와도 집으로 물이 들어왔다. 어느 해 큰 장마로 온통 물바다가 되어서 노인의 집이 떠내려갈 지경이 되었다. 덕이는 노인에게 자기 집으로 들어오라고 간곡하게 권유했다. 노인은 손녀딸을 데리고 덕이네 집으로 들어가게 되었다.
　민들레와 덕이는 한집에 기거하게 되자 자연스럽게 가까운 사이가 되어 사랑을 나누기에 이르렀다.

혼례식을 치르지는 않았지만, 덕이는 사람이 성실하고 근면하여 노인을 극진히 모시고 민들레와 행복하게 살았다. 풍족하진 않았으나 양식 걱정 없이 달콤한 신혼에 빠져들 즈음 나라에서 처녀를 뽑아간다고 마을을 샅샅이 뒤지기 시작하였다.

얼굴이 반반한 처녀를 무조건 잡아들이는데 미인으로 소문이 자자했던 민들레도 처녀 공출을 피해 갈 수는 없었다. 어느 날 득달같이 군졸들이 덕이 집으로 들이닥쳤다. 노인과 덕이는 울부짖으며 반항했으나 무참한 군졸들의 행패에 속수무책이었다.

민들레의 얼굴에 잠시 비장한 결기의 그림자가 아른거렸다. 민들레는 덕이를 향해 늙은 아버지를 부탁한다는 한마디의 절규를 남기고 가슴에 품었던 비수(匕首)를 꺼내 스스로 자기 목숨을 끊고 말았다.

그녀가 자결을 하자 그곳에 난데없는 꽃 한 송이가 피어났다.

사람들은 죽은 민들레의 넋이 꽃으로 피었다고 민들레꽃이라고 불렸다는 애틋한 사연이 담긴 이야기가 경주 지방에 전해져 내려오고 있다.

일편단심 민들레라는 말은 한 남자를 위해 사랑을 변치 않는 한 조각의 붉은 마음이란 뜻이다. 즉 한결같은 참된 정성(精誠)으로 변(變)치 않는 마음은 오로지 한곳으로만 향한다는 뜻이다.

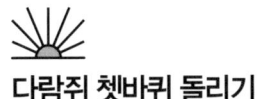
다람쥐 쳇바퀴 돌리기

어릴 적 내가 살던 시골에는 다람쥐가 참 많았다. 집 주변 다람쥐는 주로 돌담을 타고 다녔다. 다람쥐 포획은 쉬웠다. 철사로 만든 직육면체 덫 속에 북어 조각을 걸고 입구를 열어놓는다.

도토리만큼이나 북어를 좋아하는 다람쥐는 덫으로 들어가 북어를 뜯어 먹는 순간 덜컥 문이 닫히고 다람쥐는 덫에 갇힌다. 포획된 다람쥐는 종일 쳇바퀴나 돌리는 신세가 된다. 쳇바퀴를 쉼 없이 돌리지만 다람쥐는 늘 제자리다.

지금 사람들이 달리는 러닝머신이 다람쥐의 쳇바퀴 돌리기에서 착안한 건 아닐까 착각할 정도로 둘의 관계는 닮아 있다.

"다람쥐 쳇바퀴 돌듯 한다"는 말은 주어진 환경에서 탈피하지 못하고 같은 일만 반복한다는 의미이며 늘 제자리라는 부정의 뜻으로 쓰인다.

반복되는 삶이 지루할 때 쳇바퀴를 돌리는 다람쥐와 비교한 일상을 이름이다.

고대 이후 학자들 사이에서 이런 딜레마 해결을 위한 노력이 이어져 그 실마리를 제공한 용어가 '클리나멘(Clinamen)'이다. 고대 철학자 루크레티우스가 우주 변화를 설명하기 위해 도입했다는 용어로 기억된다.

'기울어져 비껴감'이라고 해야 옳겠다.

저마다 해석의 차이는 있지만 중력이나 관성에서 벗어나는 힘을 가질 때 예측할 수 없는 새로운 자기 조직의 유형을 생성하는 창조의 조건으로 의미가 확장된다. 부정적 탈선이 아닌 벗어남에서 창조를 잉태한다는 말이다.

현실도피가 아닌 탈신도주(脫身逃走)는 탈주의 원동력이다. 탈주는 처지 등에서 벗어나 새로움을 창조하는 영역을 확장하는 힘이다. 적극적이고 능동적인 결단력이다.

사회는 클리나멘이 충만한 사람을 요구하지만 국가는 테두리를 설치하고 사람을 그 안에 가둔다. 국가가 포획한 사람은 국가가 소유한 백성 즉 국민이 된다.

국민은 쳇바퀴를 돌리는 다람쥐와 같다.

그래도 클리나멘을 발휘해 탈주는 시도하고 볼 일이다.

덕구 생각

　유년 시절 고향 마을에서는 집집이 거의 개를 키웠다. 집을 지키는 충견이기도 했으나 사람이 오면 짖어 방문을 알리고 아이들과 놀아주는 애 보기 역할까지 다양하게 제 밥값을 했다.
　아이가 올라타거나 꼬리를 잡아당겨도 순둥순둥한 개는 결코 노여워하거나 화를 내지 않았다.
　그 시절 개의 이름은 흔히 메리 아니면 도꾸, 죵이었다. 간혹 누렁이, 깜둥이, 백구, 복실이라는 우리말 이름도 불리기도 했다.

　전쟁이 끝난 이후 미군의 영향 탓인지 유난히 겉멋이 잔뜩 든 꼬부랑말이 유행했다. 내가 아주 어릴 때였는데 집에서 키우던 백구가 있었다.
　해마다 봄이나 가을이면 귀여운 강아지를 낳았다.
　어느 해 가을인가 강아지를 낳다가 가엾은 백구는 그만 쓰러져 버렸다.
　아버지와 나는 백구를 품에 안고 학교 앞의 가축병원 겸 농약을 판매하는 농약 방으로 찾아가 살려달라고 애걸했었다. 무서운 가죽 끈에 입을 꽁꽁 묶인 채 슬픈 듯이 나만 빤히 쳐다봐 울음이 터질 것만 같은 마음을 감추고 기다리던 그때가 가물거린다.
　백구를 안고 돌아와 뒷동산을 헤매며 찾은 양지바른 곳에 맨드라미가 한 포기 피어 있었다. 나는 맨드라미꽃 곁에 정성을 다해 백구를 묻어주었다.

그날 밤엔 꿈을 꾸었다. 눈이 내리는 꿈을. 철 이른 흰 눈이 뒷산에 소복소복 쌓이는 꿈을. 긴 다리에 새하얀 털옷을 입은 백구와 뛰어다니며 뒹구는 꿈을.

양희은이 '백구'를 노래할 때만 해도 집에서 기르는 개는 한 가족이었다. 공장에서 만들어진 사료가 따로 있는 것도 아니어서 식구들이 먹다 남긴 밥을 나누어 먹었다. 강아지 때는 아이들과 한방에서 지내다가 덩치가 커져서야 마당 한쪽에 따로 집을 만들어 한 울타리에서 식구들과 함께 지냈다.

작금의 현실에선 진일보해서 애완견이 아닌 반려견으로 불린다. 부의 상징으로 여겼던 애완견 기르기도 이젠 선호하는 이들에 의해 자식 같은 위치로 올라섰다. 호의호식하는 개들이 늘어갔다. 가족의 일원으로서 인정받고 있는 것이다. 어쩌면 오히려 사람보다 개의 위치가 더 견고해졌다고나 할까.

반려견을 기르는 사람은 동물 애호가라는 호칭을 얻었고 보통 서민들이 한여름 복달임으로 즐기던 보신탕은 영양탕이거나 사철탕의 가면으로 위장하여 으슥한 뒷골목으로 밀려나기 시작할 무렵이었다.

견통령으로 요즘 불리는 개 훈련사 강형욱 씨에 의하면 '반려동물'이라는 이름이 오스트리아 동물학자 로렌츠 탄생 80주년 기념 심포지엄에서 비롯되었다고 한다.

오랜 역사 동안 인류와 함께했던 사람의 친구이자 동반자의 자격을 인정하면서 인간과 평생을 함께하는 동물로서의 지위를 확보하게 된 것이다.

반려로 확장되는 동물에 대한 권리는 비단 사람이 기르는 개와 고양이에 국한될 수는 없는 듯하다.

우리가 주목할 것은 사회가 일정 부분 봉쇄하고 경제가 마비되는 코로나19처럼 다가올 대부분의 전염병이 동물로부터 매개될 확률이 높다는 점이다.

동물과 더불어 살아가는 인간의 관계성에 대한 각성은 그래서 더 절실할 듯싶다.

이심이체(二心異體)

부부는 서로 바라는 게 많아 서운한 것도 많다.

부부가 죽이 척척 맞으면 참 좋으련만 '이심이체(二心異體)'라고 척하면 알아채지 못한다.

부부 싸움이 순전히 나쁜 것만은 아니다. 좋지 않은 감정을 토해낼 수 있고 상대가 예민하게 받아들이는 말이나 상황이 악화되는 감정을 파악할 수 있어 좋다.

상처가 났는데 꽁하고 있다 곪아 터지는 것보다 미리 약을 바르고 덧나지 않게 처방을 하는 게 효율적이다.

시간이 지나면 저절로 풀릴 것이라고 아무 일 없던 것처럼 지나간다면 원망의 미움이 쌓여 마음의 담장만 높아질 뿐이다.

사람은 누구나 잘못을 할 수 있지만 중요한 것은 제대로 사과를 하지 못한다는 것이다.

사과도 용기가 필요하다. 부부 사이에서도 지는 것이 이기는 것이다. 조금 잘못했건 많이 잘못했건, 먼저 사과를 하는 이가 승자가 된다. 부부간에 아귀다툼을 해서 이긴들 상처만 남길 뿐이다.

사과도 타이밍이 중요하다. 사과는 빨리 하는 것이 좋다지만 반드시 그런 것만도 아니다.

남자의 뇌는 즉각적으로 문제 해결에 초점이 맞춰져 있다. 뭘 잘못했는지도 모르면서도, 일단 불편한 상황을 모면하고 싶어 대뜸 하는 소리는 "미안하다"다.

사과보다 상대방 감정을 듣는 것이 먼저다. 자기가 어떤 실수를 했는지, 아내가 왜 화가 났는지, 어떤 점이 불만인지 헤아리지 못하고 사과를 하면 진정성이 없어 보여 화만 더 돋우게 된다.

사과는 깔끔하게 해야 한다. 어설픈 사과는 오히려 관계를 망친다.

"미안하다. 그런데…"식으로 변명하거나 "당신이 속상했다면 미안해"처럼 단서를 달거나 조금이라도 상대에게 책임을 전가하면 안 하느니만 못하다.

사과했다고 무작정 용서하기를 강요하거나 비꼬는 식으로 "미안하다"고 하는 것은 비겁한 것이리라.

또한 사과를 받는 입장에서도 흔쾌히 받아들여야 한다.

"뭐가 미안한데, 뭘 잘못했는데?"라며 바락바락 따지면 남편 자존심도 구겨진다.

분노가 난박에 사라지지는 않겠지만 잘못했다는데 계속 씩씩거릴 수는 없다.

대부분 아내들은 "당신 때문에 화가 났으니 당신이 알아내라"는 식으로 입을 다물고 있는데 남편들은 답답해 미친다.

고기는 씹어야 맛이고 말은 해야 맛이다. 자기가 왜 서운한지 조목조목 부드러운 말투로 알려주어야 한다. 웃기는 것은 많은 남편들이 대화는 뒷전이고 사과를 몸으로 때우려고 한다는 사실이다. 말로는 못 당하겠으니 서비스로 한번 관계를 해주겠다는 것이다. 자신의 너그러움을 자랑하고 승리를 기뻐하며 여자는 한번 안아주면 그만이라고 뿌듯해한다.

돌싱들에게 물어보니 부부 싸움 후 화해할 때 스킨십 관련해서 남성의 55.7%가 효과가 크다고 답한 반면, 여성은 문제만 키운다거나 별로 효과 없다는 부정적인 대답이 63.1%나 되었다고 한다.
여자는 마음이 풀려야 몸도 풀린다. 결코 기쁘지 않지만 가정의 평화를 위해 마지못해 몸을 여는 것은 좋을 게 없다. 근본 문제가 해결되지 않은 상태에서 일방적인 관계를 유지하여야 하는 아내는 비참하다.
아내와 화해를 원한다면 반드시 진정한 사과가 선행되어야 옳다.

그대 있음에

그립다고 말하면 더 그리운 그대여
그저 살짝 미소만 짓고 있어요.
가난한 나는 무엇을 바라면서
당신에게 아무것도 줄 것이 없네요.
그저 긴 세월
두 마음 함께함에 감사할 뿐이니.

느낌만으로도 이게 행복이구나 싶네요.
사랑은 꿈만 같고 현실은 삶의 텃밭이라
시공간을 초월할 수 없으니
그저 쓸쓸한 미소만 보냅니다.

먼발치에 당신이 있어
내 삶이 향기롭고 윤택해지니
늘 설레고 애틋한 마음이지요.

현실이란 높은 벽을 넘어
이슬처럼 맑은 그리움 하나 품고
바람 같은 무지개다리를 건너면
꿈속 그대에게 닿을 수 있을까요.

부부의 데이트

여느 때와 다름없는 평범한 주말이었다.

하늘에는 뭉게구름과 먹구름이 떠다니고 오후부터 비가 온다는 소식이다.

하기야 장마철이라 해가 환하게 세상을 비추다가도 갑자기 얼굴을 찡그리며 흐려져 굵은 장대비가 내리기도 하는 변덕스러운 계절이다.

아침 식사를 마친 후 와이프가 나에게 말을 건넨다.

"여보, 당신 오늘 바쁜 일이 많아요?"

"아니, 왜?"

"그러면 우리 모처럼 바람 한번 쐬러 나갈까요?" 한다.

마음으로는 오늘 일기가 그리 좋은 것은 아닌데 하는 생각이 들었지만 와이프가 모처럼 퇴직 후 이곳에 내려왔으니 알게 모르게 받는 스트레스를 풀려고 하는 보양이다.

"그래 한번 나가보지 뭐, 단둘이 당신하고 말이야."

큰 소리로 웃음을 지으며 두 손까지 치켜들고 만세를 부를 태세다.

"좋아요. 빨리 준비해요."

나는 속으로 어디로 갈까 하고 생각하다가 얼마 전 지인이 세 번이나 와이프하고 다녀왔다고 추천해 준 경북 봉화에 있는 국립 백두대간 수

목원으로 출발했다.

우리는 빠른 길보다는 옛날의 정취도 느낄 겸해서 단양과 풍기를 잇는 죽령을 넘기로 했다.

마침내 목적지에 도착한 우리 눈앞에 펼쳐진 전경은 넓고 아늑한 곳이었다. 매표소를 통과한 뒤 식당에서 설렁탕을 시켜놓고 마주 앉아 얼굴을 본다. 자주 보는 얼굴이지만 이렇게 보니 아주 젊었을 때 데이트했던 추억들이 주마등처럼 지나간다.

나는 말을 건넨다.

"우리 단둘이서 밖에 나와 식사를 하는 것도 오랜만이네. 그러고 보니 내가 당신한테 너무 무관심한 것 같아. 정말 미안해. 앞으로 잘할게."

"오랜만에 당신하고 둘만의 시간이 참 좋은데 사는 것이 뭔지? 왜 그리 바쁘게 살았는지? 얼마든지 시간을 내면 되는데 오늘처럼 말이에요."

모처럼 환한 아내의 얼굴이다.

우리는 도란도란 식사를 마친 후 본격적으로 관람을 시작했다. 문화관광 해설사의 설명에 따르면 산의 굴곡을 해치지 않고 더 돋보이도록 지붕의 모양을 디자인했다고 한다.

천해의 자연환경을 간직한 경상북도 봉화에 위치한 국립 백두대간 수목원이다. 보전가치가 높은 식물자원과 백두대간의 상징인 백두산 호랑이 등 세계 최초의 야생 식물종자 영구 저장 시설인 시드 볼트를 보유하고 있는 아시아 최대 규모의 수목원이라고 한다.

생태 숲길을 거닐며 오랜만에 둘이서 사진도 찍고 살아온 이야기들도 나누었다. 서로 애썼다며 위로와 격려도 해주며 추억 쌓기 발걸음을 한

걸음 두 걸음 옮기며 마음속에 수를 놓는다.
 돌아오는 길에 또 하늘이 심술을 부린다. 우리 사랑 탑 쌓기를 질투하는 모양이다.
 출구가 가까워지자 제법 빗방울이 굵어진다. 서둘러 차에 오른다. 오랜만에 외출로 행복이 충만했다.
 앞으로는 자주 이런 시간을 만들리라. 나의 작은 배려로 기뻐하는 아내를 보니 가슴이 저리고 콧등이 찡하다.

거미집

어제는 모처럼 시간의 여유가 있어 청풍호 끝자락 한적한 갈대숲 늪을 찾았다.

요 며칠 내렸던 비의 영향인지 연못 가장자리가 풍성한 물풀로 넘실대고 있었다. 연못에는 부들을 비롯한 수련, 백련, 노랑어리연과 같은 수중 식물뿐 아니라 붕어와 금붕어도 사는 듯하다. 크지 않은 연못이지만 멀리 나가지 않아도 연못의 정취는 나름 느낄 수 있어 좋다.

작은 연못은 사람에게만 즐거움을 주는 것은 아닌 듯하다.

봄이면 개구리도 찾아와 울어주고, 무더운 여름날에는 가끔씩 백로가 연못을 기웃거리기도 한다.

가을이면 연못 위로 고추잠자리가 맴을 돌며 사랑의 춤판을 벌인다. 물론 거미도 연못 중앙 키 큰 부들 사이에 집을 지어 놓고 사냥을 즐기곤 하였다.

작년 이맘때 이곳을 찾았을 때 생각이 난다.

거미가 영역을 넓히기로 작정을 한 걸까. 연못 가장자리에 우뚝 서 있는 갈대의 나부끼는 잎을 지지대 삼아 거대한 집을 지어놓고 사냥을 하는 듯하였다.

거미줄에는 이미 사냥감들이 형체를 알아볼 수 없을 정도로 작은 찌꺼기가 되어 매달려 있었다. 거미는 배불리 먹었는지 가는 다리에 비해 배가 통통했다.

시골에서 자라던 어린 시절에는 거미줄이 집 안 여기저기 집을 짓고 살았다. 그리고 감나무 사이로 늘어진 거미줄을 보면 심술을 부리듯 빗자루로 걷어내곤 했던 추억이 더 아련하다.
 오늘도 추억에 젖어 이곳저곳을 주시했는데 보이지 않았다.
 잦은 비가 내리는 통에 활동을 쉬고 있는 걸까?
 고개를 돌리다 놀라운 광경을 목격했다. 작년에 보았던 너덜너덜한 집이 아닌 튼튼한 거미줄이 허공에 버티고 있었다.
 새 거미줄에는 아직 아무런 먹잇감도 잡히지 않았다. 그도 그럴 것이 비가 내린 이런 날에 누가 다닐 것인가.
 비가 그치면 다시 찾아올 먹잇감을 위해 부지런히 움직였을 녀석들이다.
 줄을 살짝 흔드니 작은 몸집의 거미가 슬금슬금 움직인다. 집을 짓느라 체력을 다 소진한 탓인지 아니면 먹이를 먹지 못해서인지 이렇게 거대하고 멋진 집을 지었다고 믿기지 않을 만큼 왜소한 몸집이다.
 사람뿐 아니라 모든 생물은 존재를 위해 진화를 거듭하며 살아간다. 사냥감을 놓치지 않기 위한 거미의 신화는 놀랍기만 하다.
 먹잇감은 거미줄을 맞닥뜨려야 볼 수 있다고 한다.
 작은 거미의 집짓기를 보며 사람의 이기심이 이렇게도 부끄러울 수가….
 우리는 물질이 차고 넘치는 사회에서 살고 있다. 물론 아직도 기아로 허덕이는 나라도 있지만 많은 나라의 사람들은 풍족한 생활을 누리며 살아간다.

그런데도 불구하고 끊임없이 물질을 추구하며 욕심을 멈추지 않는다. 어쩌면 지금 우리가 겪고 있는 바이러스도 사람의 이기심이 불러온 재앙일 터였다.

다 먹지도 못하면서 대량으로 동물을 사육하고 학대를 일삼는다. 어디 그뿐이랴. 더 크고 많은 수확량을 위해 농약을 뿌려댔으니 그 곡식과 채소가 사람의 몸속에서 어떤 병을 만들고 있는지 짐작이 간다.

생존을 위해 지금 이 순간도 모든 생물들은 끊임없이 몸을 움직이고 경쟁을 한다.

보슬비가 그치고 해가 얼굴을 내놓자 거미줄이 금빛으로 빛난다.

퍼블릭 골프장

정년퇴직을 한 10년을 뒤돌아보며 조용히 초야에 묻혀 취미 생활로 무엇을 할까 생각하다 그동안 잊고 소홀히 했던 골프장의 환상이 머리를 스친다.

꽤나 열심히 연습장 그린의 넓고 푸른 골프공의 스윙을 그리워했는데….

작년 11월 골프장의 그린피 인상이 청와대 국민청원에 등장한 적이 있다. 코로나19를 틈타 골프장 사용료를 비정상적으로 올리는 행태의 개선을 촉구하는 내용이었고 동참 댓글도 빗발쳤다.

청원인이 지적한 것은 지나친 그린피 인상, 외제 슈퍼카 렌트비와 맞먹는 카트 사용료, 현금으로만 계산, 캐디 피 인상, 골프장 내 식음료의 비싼 가격이었다.

골프장들은 이에 아랑곳하지 않았다. 고삐 풀린 사용료 인상은 멈추지 않았고 현재도 계속 오르고 있다.

그중에서도 각종 세금 감면 혜택을 누려왔음에도 시장 논리만 앞세워 이용자 부담을 키우고 있는 대중제 골프장의 횡포에 골퍼들의 반감이 쌓이고 있다.

정부는 지난 2000년부터 골프 대중화를 이유로 대중제 골프장에 대해 회원제 골프장에 부과되는 12%의 취득세를 4%로 깎아주고 있다.

재산세는 10분의 1, 취득세는 3분의 1만 부과한다. 골프장 이용객들이 내야 할 개별 소비세, 교육세, 농어촌특별세는 전액 감면해 주고 있다.

지난해 대중제 골프장에서 감면받은 세금만도 9,000억 원이 넘는다고 한다. 세금 혜택과 코로나19 장기 호덕에 국내 골프장들은 사상 최고의 영업 이익을 기록하고 있다.

한국 레저산업연구소가 금융감독원에 제출된 국내 골프장의 감사보고서를 분석한 자료를 보면 국내 골프장의 지난해 매출액 대비 영업이익률이 31.6%를 기록해 사상 최고치를 갈아 치웠다.

세금 감면 혜택을 받는 대중제 골프장 영업 이익률은 무려 40.34%에 달했다. 국내 상장 기업 평균 이익률의 8배나 높은 수치다.

이런 각종 혜택을 누리기 위해 최근 회원제 골프장들이 대중제로 속속 전환하고 있다. 2015년 기준 대중제 265개, 회원제 219개로 큰 차이가 없었지만 지난해 기준 대중제는 344개로 대폭 늘어난 반면 회원제는 158개로 줄었다.

대중제 골프장이 늘어나면서 골퍼들의 기대는 컸다. 회원제에 비해 저렴한 가격에 쉽게 골프를 즐길 수 있다는 생각에서였다. 하지만 기대는 배신감으로 변했다.

영업이 잘되자 대중제 골프장들이 그린피와 카트비, 캐디 피를 줄줄이 올리면서 이용료가 회원제 골프장 턱밑까지 따라왔다.

국내 골프장의 그린피는 이미 일본의 2배를 넘어섰다.

카트 대여료와 캐디 피까지 포함하면 골퍼 1인당 골프장 이용료가 일본의 3배까지 늘어난다고 한다.

요즘 골퍼들 사이에서는 골프장의 횡포를 빗대 '개구리 올챙이 적 생각을 못 한다'는 말을 하고 있다. 2016년 경영악화로 회생을 신청한 골프장이 80개에 달한 적이 있다.

1990년대에 골프장이 2,400여 개에 달할 정도로 포화 상태가 되면서 줄 도산한 일본 골프 산업을 닮아갔다.

코로나19 특수로 골프장들은 즐거운 비명을 지르고 있지만 골퍼들의 원성은 여기저기서 터져 나오고 있다. 코로나19 사태 후 귀하신 몸이 된 골프장들이 잇속 챙기기와 갑질 횡포 배짱 영업을 일삼고 있기 때문이다. 그렇지만 언제 전세가 역전될지 모를 일이다.

코로나19 백신 접종이 끝나고 해외여행이 자유로워지면 값싼 해외로 나가려는 골퍼들은 다시 늘어날 것이다. 골퍼들이 골프장을 골라 다니는 시절이 다시 올 수 있다는 얘기다.

이렇게 되면 국내 골프장들도 일본의 전철을 밟지 않는다는 보장은 없다. 정부가 골프 대중화 차원에서 이용객의 부담을 덜어주기 위해 대중제 골프장에 준 게 세제 혜택이다. 세금 혜택을 받는 만큼 골퍼들에게 그 혜택이 돌아가야 한다. 그래야 골프 인구가 늘어나고 골프장도 살아갈 수 있다.

물 들어올 때 노 저어야 한다는 심보를 버려야 함을 기대해 본다.

때맞추어 이런 10년 만의 모처럼 골프에 대한 미련을 가져 보지만 세상은 그리 호락호락하지 않은 모양이다.

베론 성지를 찾아서

작년 이맘때 친구들과 근교에 있는 베론 성지를 찾아 이곳저곳 견학한 일이 있었다. 한참 새롭게 단장을 하기 위해 이곳저곳 공사를 하던 어수선한 분위기였던 것 같다.

최양업 신부에 대한 새로운 사실들을 기록물을 통해서 배울 수도 있었음에 기억을 되살려 보려 한다.

1836년 세 명의 소년이 마카오에 있는 파리 외방 전교회 극동 대표부로 떠나면서 한국 천주교의 활발한 포교 활동이 시작되었다. 김대건, 최양업, 최방제 등으로 파리 외방 전교회에서 조선에 파견한 모방 신부의 주선에 의한 유학이었다. 당시 조선 백성들 중에 지금의 가톨릭인 서학이 지닌 평등, 박애에서 감동을 느낀 사람들이 있었다.

대대로 내려오던 가치나 성리학적 내용과 대치되는 것들이 있어 갈등이 컸음에도 서학으로 점점 기울어졌다.

조선은 임진왜란, 병자호란의 재앙을 거쳤음에도 성리학이 도리어 경직되어 갔다. 이에 반발해 새 물꼬를 터나간 실학은 실사구시, 이용후생 측면에서 강했으나 인간 본연의 문제인 자유와 평등에 깊진 않았다.

사람이 곧 하늘이라는 인내천의 동학이 태동되기 이전이다. 그런 어둠 속에 서학은 서서히 번져나갔다.

최양업 신부는 김대건 신부에 의해 가려진 바가 큰 것 같다. 최초의 신부 김대건을 기리는 것에 이의는 없다. 최초나 일등주의 사고가 팽배한 우리 사회의 폐단을 짚고 싶다.

마카오에 간 최방제는 그곳에서 위열병으로 죽었다. 김대건은 사제 서품을 받고 1845년 귀국한 뒤 이듬해에 새남터에서 순교한다.

15살에 고향을 떠난 최양업은 3년 후 역시 천주교 신자인 아버지와 어머니를 기해박해의 순교자로 잃는다. 친구이자 신앙 동지인 김대건마저 잃어 셋 중 유일하게 남은 그는 그러한 상황에서도 귀국을 서두른다. 조국은 언제 자기를 해칠지 모르는 위험한 땅이지만 그에겐 그런 것이 문제가 아니었다. 사제 서품을 받은 몸으로서 사목을 하고 싶은 일념뿐이었다.

귀국의 꿈은 1849년에야 이루어진다. 입국하자마자 전라도를 시작으로 전국 다섯 개 도의 순방에 나섰다. 1861년 41세의 나이에 과로와 장티푸스로 사망하기까지 심신이 만신창이가 되도록 사목한다. 그가 12년간 다닌 거리가 무려 9만 리나 된다고 한다.

나는 천주교 신자로 결혼 후 수년이 지나서야 혼배성사를 할 수가 있었다. 와이프와 청계천 피복노조의 근로노동법을 매주 교육하면서 불란서 신부님인 누봉 수교님의 가톨릭 노동청년 운동을 지원하며 지금의 집사람과 결혼할 수가 있었다. 아주 먼 옛날의 추억이다.

개신교의 언더우드와 아펜젤러, 천주교의 이승훈, 김대건을 이름 정도 아는 사람들보다는 그래도 최양업 신부에 대한 무지가 이 기회를 통해서 얼마나 해소되었는지 좋은 기회가 아니었나 싶다.

그에 대한 이야기는 감동을 넘어 아이러니와 슬픔을 불러일으켰다. 이렇게 훌륭함에도 최초가 아니라는 이유로 대부분의 사람들에게 인지되지 않고 있는 점은 안타깝다.

이제 자주 베론 성지를 찾아 최양업 신부의 높은 신앙을 숭배하며 그의 위대한 업적을 다시 한번 찾아봐야겠다.
그가 일깨워 준 교훈이 무엇인지….

뽕잎의 추억

유월도 이제 초순이 지나 중순으로 달려가고 있다. 산야가 하루가 다르게 푸르러진다. 시골 밭둑에 있는 뽕나무에도 여린 새잎이 피었다. 막 피어나 보드라운 잎사귀에 윤기가 돌아 나물로 먹기에 좋은 뽕잎을 땄다.

몇 해 전 뽕잎 나물을 먹어본 후 봄만 되면 유독 뽕잎에 마음이 가곤 했다.

고향 떠나 가끔 부모님 산소에 들러 술 한 잔 올릴 때마다 집사람과 뽕나무가 있는 밭길을 걷는다.

뽕잎은 담백하면서도 은은한 맛으로 처음에는 밋밋한 듯해도 한번 맛보면 은근히 끌리는 맛이다. 농촌에서 나고 자란 나는 뽕잎 나물을 먹다 보면 누에 생각이 먼저 난다.

어린 시절 농가에서는 봄이면 한 집 건너 한 집은 누에를 길렀다. 봄이면 수확되는 농작물도 없거니와 돈 한 푼 나올 곳이 없는 궁핍한 시기이다.

농가에서는 한 달가량 양잠을 하려면 모내기나 곡식 파종 등 농사일과 겹쳐 일손도 바쁘고 힘든 일이다. 그래도 약간의 목돈을 얻을 수 있으니 집집마다 밤잠을 설치며 누에치기에 몰두했다.

누에씨(알)를 받아다 따뜻한 방에서 며칠을 기다려 부화시킨다. 누에가 알에서 깨어나면 이때부터 뽕잎을 먹고 자란다. 처음 알에서 부화한 누에는 여린 뽕잎을 곱게 썰어주어야 한다. 누에는 4주 정도 먹고 자고를 거듭한다.

두 번째 잠을 잘 때까지는 우리도 같은 방에서 누에와 불편한 동거를 한다.

어머니는 주무시다가도 일어나 뽕잎을 썰어 누에에게 주느라 밤잠을 설치기 일쑤였다. 이틀이 멀다 하고 누에똥을 가려주어야 하고 누에가 커갈수록 먹는 뽕잎 양이 늘어나고 잠박(蠶箔) 수도 많아져 안방과 윗방까지도 누에가 차지하곤 했다. 나중에 누에가 몸집이 커지면 방을 내주고 마루에서 잠을 자야 했다.

잠결에 들리는 누에가 뽕잎을 갉아먹는 소리는 영락없는 빗소리처럼 들렸다. 비가와도 바람이 불어도 누에는 잠잘 때 외에는 뽕잎을 먹는 것이 일과이니 몸집이 커가는 만큼 먹는 양이 점점 많아진다.

이맘때면 어머니는 우리 밭둑에 있는 뽕나무에 뽕잎은 긴급 양식으로 남겨두고 멀리 산 뽕을 따러 가시기도 했다.

해거름에 어머니 마중을 나가 기다리다 보면 신작로 끝자락에 사람은 보이지 않고 큰 보퉁이가 둥둥 떠오는 것처럼 보인다. 머리에 산더미 같은 큰 보퉁이를 이고 손에도 작은 보자기에 뽕잎을 들고 오신다.

아버지가 마중을 가시면 큰 보퉁이를 받아 지게에 지고 오시지만 나는 어머니 손에 들린 작은 보따리를 받아 메고 오는 것도 힘들었다.

누에의 변신은 끝이 없다. 잠자고 허물 벗고 그렇게 네 번의 과정을 거치며 성장하여 왕성하게 뽕잎을 먹다가 먹기를 뚝 그치고 고치 지을 준비를 한다.

  소나무 가지를 잘라다가 방 안 가득 세워주고 누에를 바닥에 놓아주면 솔잎으로 올라가 하얀 실을 뽑아 고치를 짓는다. 스스로 집을 짓고 들어가 번데기가 되는 모습은 참으로 경이롭게 보였다.

  누에고치에서 실을 뽑아 실크 원단의 재료로 쓰인다. 이제 농가에서 예전처럼 명주실을 얻기 위해 누에를 기르는 것은 보기 어렵다.

  건강식품 등으로 누에의 효능이 알려지며 특화 농협으로 누에를 기른다. 지금도 시골 밭둑에는 오래된 뽕나무들이 남아 있어 그 시절을 떠올리게 한다.

  기왕에 뽕잎 나무를 접하게 되었으니 명주실은 못 뽑아내더라도 비단처럼 보드라운 마음 한 자락 보듬고 싶다.

3부

노인과 어른

　사람들은 곧잘 누구인가를 가르치려는 습성(習性)이 있다. 자신도 의식하지 못하는 이런 버릇은 일상이 되풀이되면서 몸에 익은 채로 굳어 자동 반사로 나타난다.
　세대 불문하고 심지어는 손윗사람에게도 때와 장소 구분 없이 간섭하여 가르치려 드니 지배받기 싫어하는 사람들은 이들을 부정적 의미의 속어로 꼰대라고 부른다.
　자신은 그대로 있으면서 다른 사람만 상대방을 변화시키려 드는 게 특징이다. 물론 다 그런 건 아니다.
　애늙은이라는 젊은 꼰대들도 있다.
　꼰대라는 별칭이 주어진 이들은 역지사지할 줄 모르며, 이해하려 들지도 않고 자기주장만 강해 안하무인격이어서 타협도 할 줄을 모른다.
　포용력도 부족할 뿐 아니라 배려할 줄도 모른다.
　가장 문제가 되는 것은 뒤돌아볼 줄을 몰라 반성의 기미가 전혀 없거나 아주 희박하다는 것이다. 그러니 그 구성원들에게 보여줄 게 무엇이 있을까?
　학생들의 불미스러운 행동을 교정하려 할 때 종종 반성문을 쓰게 한다. 긍정적인 마음의 변화가 있었다고 생각되면 한두 장으로 그친다.

그런데 그 반성문을 어떻게 작성해야 쉽게 용서될 수 있는지를 잘 아는 학생은 지도 교사의 입맛에 맞추려고 애를 쓰니 성찰이 잘 안 된다.

상대의 현상을 잘 모르니 곧잘 속기도 한다. 성찰은 하루를 정리하는 일기를 쓸 때 자신의 행위를 돌아보면서 잘잘못을 살펴보는 것이다. 잘못된 것은 스스로 고쳐보려고 마음으로 다짐하는 것이다.

꼰대들의 대부분은 성찰하기를 지극히 싫어한다. 자존심이 긁혀 나락으로 추락된다는 생각에서 과오나 실수를 감추고 싶어 한다.

모든 사람이 자기만 못하다는 생각으로 밀어붙이니 고분고분 들으려고 하지도 않지만 진정성 결여로 공감하는 게 없으니 받아들일 게 없는 것이다.

내 과오를 털어내기 위해 뼈를 깎는 고통을 감내하며 바르게 잡아가는 게 성찰이다.

노인이 되지 말고 어른이 되자는 말이 있다.

나이가 들면 저절로 노인이 된다. 그러나 어른은 '다 자란 사람'이라는 사전적 의미다. 물론 몸과 마음을 동시에 일컫는 말이니 덩치만 웃자란 어른보다는 마음이 성숙한 어른이 되어야 할 것이다.

연둣빛 눈짓

　잔잔한 물결 위로 늘어진 가지가 바람에 낭창낭창하다. 나이가 들면서 초록색이 좋다. 초록빛 갈증이 생기면 가까운 산이라도 달려가 자연의 품 안에 안긴다.
　나무를 스치는 바람 소리와 지저귀는 새소리 등 자연의 소리에 귀 기울인다. 봄날의 숲은 생명력이 넘실댄다. 태생적으로 녹색에 대한 그리움이 있던가.
　사람의 유전자는 초록을 그리워한다. 태초에 자연환경을 좋아하는 인간의 유전적 소질을 이르는 말로 에리히 프롬은 녹색갈증(綠色渴症)이라고 했다.
　사람은 누구나 자연에 대해 타고난 애정을 갖고 자연을 경험하려는 생물학적 요구를 느낀다는 뜻이다.
　자연은 편안함과 힐링 등의 긍정적 작용이 있다. 가슴 먹먹한 날, 영롱한 연둣빛은 마음을 치유해 준다.
　특히 신록 돋고 산 벚꽃 핀 날, 비까지 내려 물안개까지 있는 몽환적인 분위기에 '좋다 좋다'를 연발한다.

　봄 산은 색이 좋아 허투루 지나칠 수 없다. 가두어 놓았다가 또 보고 싶을 만큼 상큼하다. 먼 산 연둣빛 사이사이 만발한 산 벚꽃이 지고 있다. 꽃비가 내린다. 꽃잎 난분분한 낙화에 내 마음은 하르르하르르 나부낀다.

글을 쓰는 친구와 물가에 섰다. 친구와의 인연이 참 오래도록 유지되다 보니 많은 추억이 자리하고 있다. 오랜만의 만남이다. 잔잔한 물결을 바라보며 수년 전으로 돌아갔다.
 봄비가 부슬부슬 내리는 교정에서 중학교 국어 선생님은 아무 말 없이 칠판에 연둣빛이라고 쓰셨다.
 그리고 칭칭 늘어진 창밖 능수버들에 시선을 두고 천천히 시를 읽어 내려갔다.
 첫 소절만 기억되지만 연둣빛에서, 봄비와 촉촉한 분위기에서 감성이 폭발했다. 그 감성은 바빠 사느라 마음속에 담아둔 채 꺼내 볼 기회가 없었다.
 이따금 비 내리고 오늘처럼 연둣빛 나무들이 눈짓할 때면 아~ 하고 한숨 돌려보았지만 숨 가쁜 인생에 지나쳤고 이제야 보니 빠른 세월이었다.

SNS에서 보던 친구는 고왔다. 한복을 입고 시를 쓰고 낭송을 하며 행복해 보였다.
 서로 시집과 수필집을 사인해 주고받으며 금세 속내를 이야기했다.
 나만 기구한 삶을 살고 있다고 했는데, 잔잔하게 쏟아내는 친구의 삶은 나보다 더 힘들었겠구나 싶었다.

스치는 바람결에 풀어놓는 삶의 허무가 나뭇가지처럼 흔들린다. 물가에는 태풍에 휩쓸린 채로 비스듬하게 서 있는 키 작은 버드나무들이 있다.

세상사 힘든 일은 누구에게나 있는 거라고, 어린나무도 이렇듯 버티며 자라고 있다고, 힘내라고 일러주는 것 같다.

교정의 능수버들은 베어지고 없다. 아쉽지만 빛바랜 추억이 되었다. 연둣빛 가지를 늘어뜨렸던 나무는 자신을 위해 그늘을 만들지 않는다.

다른 생물들의 보금자리가 되어주었다. 우리는 나무 아래에서 조잘대고 우리가 얼마만큼 각자의 시간을 지나 만났는지는 중요치 않다.

인연이 다하는 날 어떤 빛깔의 추억을 느낄 수 있을까. 진하게 향기 피웠던 꽃들이 지고 연둣빛 잎이 자라고 있다.

꽃송이와 더불어 화려했던 시절은 지났다. 몸도 마음도 늘 푸르러지고 싶다. 자연에 머물며 지금 이 순간에 집중하고 싶다.

"넘어져도 괜찮아."

"잘 살고 있어."

우린 연둣빛 버드나무 가지를 오래도록 바라보았다.

이끌림의 미학

　참으로 먹먹한 날들인 듯싶다. 하루가 멀다 주변의 지인들이 하나둘 떠나고 있다.

　사람 사는 게 뭐 특별한 일 있는가. 그저 열심히 한 세상 잘 놀다 가면 그만인 게지. 무얼 바라며 살아온 것도 아닌데 새삼 작아지는 내 모습이 서럽다. 요즈음 바깥을 잘 나서지 않지만 상사에는 될 수 있는 대로 얼굴이라도 보려고 빼먹지 않고 다닌다.

　오늘도 장례식장에 들러 돌아서는 길에 하늘을 보았다. 노을 진 하늘의 묵직한 먹구름만 떠 있다.

　코로나19가 우리의 일상을 멈추게 한 지도 벌써 한 해를 훌쩍 넘겼다. 이 와중에 마음의 상처가 스트레스로 와 머리가 묵직하다.

　내 속의 화만 키우며 자신의 이기적인 정당성에만 매달렸다. 참 부질없는 모습이었다.

　요즈음에는 집에서 아침저녁을 꼬박 먹는 날이 수두룩하다. 집사람이 직장을 그만두고 집에 내려와 있기에 가능한 일이다.

　매주 시장을 봐서 냉장고에 채워놓을 때 그래도 소소한 행복을 느꼈는데 집에 오니 집사람이 시장을 봤는지 콩나물이며 감자며 각종 반찬거리가 놓여 있다.

간고등어 한 손과 고기 한 칸, 그러다 보니 거실 구석에 봄동이 눈에 들어온다. 며칠 전 지인들과 만나 이야기 도중 봄동 이야기를 한 적이 있다.

오늘 그를 맞이한다. 음식은 기억으로 먹는 것이라 했던가. 어디 음식 뿐이랴. 사람 사는 게 기억되는 것이고 그게 살아 있는 것이 아닌가.

아직 제대로 겉절이 담을 줄도 모르는 어설픈 주부인 나에게 묘한 호기심이 발동된다. 몸에서부터 상큼하고 고소한 봄동 겉절이가 당겼다. 배추 같기도 하며 못생긴 꽃 같기도 한 봄동을 집어 들었다.

기본적인 액젓과 각종 양념은 찬장에 있기에 용기를 내어 처음으로 겉절이 만들기를 시도했다….

제멋대로 뻗친 잎사귀를 다듬고 수돗물에 서너 번 뽀득뽀득 씻은 다음 소금으로 숨을 죽인다. 각종 양념과 참기름, 식초, 매실청을 넣고 약간의 깨소금을 뿌려주면 맛있는 봄동 겉절이가 완성이다.

입 안에 감기는 봄동이 황홀하다.

척박한 겨울 들판에서 힘겹게 자라난 강인한 생명을 우걱우걱 씹는다. 입안에서 톡톡 불거지며 온몸을 감싸는 향이 새롭다.

얼마나 경이로운 맛인가. 살며 우울하고 늘어진 회색빛 일상에 초록의 힘을 느낀다.

저 멀리 들판에서 차갑지만 부드러운 바람이 입안으로 불어온다. 섬세하면서도 알싸한, 그러면서도 달달한 생명의 노래를 맞는다.

집사람이 잠시 외출한 사이 맛보는 나만의 이런 시간이 더욱 자유롭다. 며칠 되었다고 이런 혼자만의 시간이 즐거운 것일까.

나는 지금 봄의 정원에 나와 있는 듯하다.

우리는 살며 아무런 이유 없이 그냥 이끌리는 일들을 허다하게 경험한다. 그게 사는 것이고 인생일 것이다.

이러한 이끌림은 항상 스스로를 긴장하게 한다. 어쩌면 우리가 사랑하고 좋아한다고 하는 것도 이런 이끌림의 현상이 아닐까.

나에게 먼저 나누고 나에게 다가오는 신비한 생명의 이끌림을 맘껏 누리는 그것이 창조하는 것이고 자기 자신을 혁신하는 것이 아닐까.

음식을 하는 것도 이런 창조의 작업인 것이다. 봄동을 해 먹는 일도 그런 것이다.

어디 이뿐이랴. 봄동으로 면역력을 키우는 것도 자기 방역이리라. 봄동으로 식사를 마치고 오랜만에 산책하는 발걸음이 가볍다.

언제부터인지 스스로에게 갇혀 살던 아픈 겨울의 끝이 서서히 끝나고 있다. 아직은 춥고 스산한 날들이 많지만 저 멀리 산 빛이 하루하루가 다르게 변하고 있다.

초록의 새싹들이 움트는 기지개 소리가 들린다. 어제보다 한결 부드러운 바람이 햇살에 비껴 잘게 부서진다.

이렇게 봄이 소리 없이 내 가슴에 스며든다. 이제 서서히 일어설 준비를 해야 한다. 지쳐 주저앉은 것들이 있다면 먼저 손 내밀어 함께 일어서야 한다.

아주 사소하고 일상적이지만 함께하고 기억되는 삶을 사는 것이 진정 살아가는 것이지 않을까.

이러면 되는 거지 뭘 더 바랄 게 있나.

내조의 힘

열심히 일하던 세무서 직원이 갑자기 직장에서 해고되어 일자리를 잃었다. 그는 원래 작가가 되기 위해 노력했던 사람이었다. 그러나 결혼하고 한 가정의 가장이 되어 자신의 꿈을 포기하고 열심히 일하던 사람이라 그 충격은 더욱 컸다.

남자는 너무 많은 걱정에 수심이 가득한 얼굴로 집으로 돌아왔다. 직장을 잃었다는 사실을 아내에게 말하는 것이 너무나 힘들었다.

그런 남자의 아내는 근심이 가득한 남편의 얼굴을 보고 부드럽고 편안하게 물어보았다.

"당신의 표정을 보니 큰 고민이 있는 것 같네요. 당신 혼자 힘겨워하는 모습을 보면 저는 몇 배나 더 힘들고 괴로움을 느껴요. 무슨 일이 생긴 것인지 저를 위해서라도 말해줄 수 있나요?"

아내의 말에 남자는 실직한 사실을 말했다. 아내는 웃으며 남편 앞에 원고지와 펜과 잉크를 가져다주었다.

"당신은 그동안 가정을 위해 열심히 일하느라 너무 바빠서 글을 쓰지 못했어요. 지금부터는 마음 놓고 쓰고 싶은 글을 쓰세요. 당신의 재능이라면 훌륭한 작품을 남길 수 있을 것이라 믿어요."

이렇게 자신의 글을 쓸 수 있게 된 남자는 미국의 소설가 '나다니엘 호

손'이다.

 세계적인 명작으로 칭송받는 소설 『주홍글씨』는 그의 노력과 재능뿐만 아니라 아내 소피아의 현명한 이해와 응원 덕분에 탄생할 수 있었다.

 사랑하는 사람을 지혜롭게 내조한 아내의 현명함으로 남편은 마음껏 날개를 달고 날 수 있었다. 남편의 재능을 믿고 기꺼이 가장의 짐을 대신한 아내가 돋보이는 이유다.

 "절망하지 마라. 종종 열쇠 꾸러미의 마지막 열쇠가 자물쇠를 연다." 필립 체스터필드의 명언을 다시 한번 상기해 본다.

이성계와 무학과 걸승

고려 말기 이성계가 일취월장(日就月將) 승승가도를 달리며 그 기세가 하루가 멀다 하게 강해져 가는 것을 보고 세상의 이목(耳目)은 이성계에게 쏠리고 있었다.

처음에는 이(李)씨 성을 가진 사람이 새로운 나라를 건설할 것이라는 소문을 믿지 않으려 했다가 차츰 날이 갈수록 이 씨란 곧 자신을 두고 일컬음을 알고 난 후부터 점차 남모르는 기대감에 부풀게 되었다.

때로는 꿈에서도 일국을 건설하여 용상에 앉아 있는 자신의 의젓함을 보기도 했고, 양이 싸우다 두 개의 뿔이 부러져 버린 일이나, 서까래 세 개를 짊어지고 나오는 꿈을 꾸기도 했다. 뿐만 아니라 이성계에게 왕이 될지도 모른다는 결정적인 감동을 준 것은 항간에, "목자 승 저하 복정 삼한경(木子 乘 猪下 復政 三韓境)"이라 하여 이씨 성을 갖고 있는 돼지띠 승 저하(乘 猪下)인 사람이 삼한(三韓)을 다시 회복시켜 정사를 펴나가리라는 소문이 나돌 때부터였다.

이성계는 마침 자신이 돼지띠였기에 언제인가는 제왕이 되겠다는 야망을 마음속에 품고 있었다.

그러던 어느 날 꿈속에서 불이 훨훨 타고 있는 집에서 서까래 세 개를 짊어지고 나오는데 바로 눈앞에서 숫양이 싸움을 하다가 두 개의 뿔이 일시에 부러져 나가는 것을 보았다.

신기하게 여긴 이성계는 세상사 일을 거울처럼 훤히 내다본다는 무학대사(無學大師)를 찾아가 해몽을 부탁했다.

이성계의 이야기를 신중하게 듣고 있던 무학대사는 느닷없이 자리에서 일어나 "관세음보살, 관세음보살" 하며 합장을 하더니 이성계에게 황제의 예를 올렸다.

그러자 이성계는 "대사님 왜 이러십니까? 저에게 대례(大禮)를 올리시다니요?" 이성계의 말이 다 끝나기도 전에 "상감마마가 될 것이외다" 하고 신중한 어조로 해명의 비답(批答)을 내렸다.

그리고, 그 연유를 하나하나 설명하기 시작했다. "집이 불에 타는 형상은 앞으로 병화(兵火)를 뜻하고, 서까래 세 개를 짊어지고 나온 것은 석 삼(三)자나 임금 주(主)자가 되니, 필시 임금이 아니고 무엇이겠습니까.

또한, 두 개의 뿔이 빠진 양(羊)을 친히 보았다는 것도 임금이 된다는 암시인데 아마 두 개의 뿔이 빠진 것 이외에 그 양은 반드시 꼬리까지 빠졌을 것이외다."

이성계는 무학대사의 말을 듣고 꿈속에서 있었던 일을 골똘히 생각하고는 무릎을 탁 치며, "맞습니다. 대사님! 정말 대사님은 하늘과 사람, 그리고 신(神)을 삼합(三合)하여 내려보내신 천자(天子)이자 신승(神僧)이시고 인간으로서도 가장 현명하신 귀인(貴人)이십니다."

무학대사를 극찬한 이성계는 무학대사가 말한 대로 꿈속에서 서까래를 짊어지고 정신없이 나오다가 양의 꼬리를 밟았는데 이상하게도 꼬리가 쑥 빠져버렸던 기억이 되살아났다.

무학대사는 그 연유를 이렇게 설명했다.

"옛날 중국 한나라 시대에도 귀공(貴公)의 현몽처럼 유방(劉邦)이 젊었을 때 어느 정자에서 낮잠을 자고 있는데 양 거각 미(羊 去角 尾)라 하여 양의 두 개의 뿔과 꼬리가 빠져 있는 것을 보았는데, 그 꿈의 해몽을 당내 유명한 역술가에게 부탁한 결과, 양(羊) 자가 거두절미(去頭截尾)가 되었으니, 이는 필연적으로 임금 왕(王)로 장차 임금 될 징조라고 비답(泌答)을 내렸던바 후일에 한왕(漢王)이 되니 장차 임금이 될 것이오. 딱히 내 말이 믿어지지 않으면 귀공과 내가 밀약(密約)하심을 어찌 생각하시오" 하고 단호하게 자신의 의중을 밝혔다.

무학대사와 이성계는 그 자리에서 이성계가 임금이 되지 못할 경우 무학대사는 이성계로부터 무식쟁이 땡중, 또는 미륵 돼지 등 혹평을 하며 놀려주어도 달게 받을 것과 반대로 임금이 될 경우엔 아주 큰 절을 지어주고 왕사(王師)로 모시겠다는 밀약을 하였다.

이성계는 자리에서 일어나 밖에서 기다리고 있던 군사들과 병영(兵營)으로 돌아왔다. 이성계는 속마음으로 무학대사의 말처럼 임금이 되었을 경우를 상상해 보고 부푼 야망을 억제하지 못하고 고개를 갸우뚱거리며 얼굴에 웃음을 가득 지었다.

그러자 이성계의 부장(副將)은 이성계의 마음을 읽고 있었다는 듯 아뢴다.

"장군님, 안변(安邊)이란 곳에 글자를 짚어내면 그 짚어낸 글씨를 여러 각도로 분리시켜 인간들의 앞날을 훤히 내다보는 일정의 파자정단(破字正斷)으로 유명한 걸승(乞僧)이 있다는데, 거기 한번 가보심이 어떠신지요?"

부장의 이러한 말에 이성계는 마음속으로 귀가 번쩍 뜨였지만, 헛기침을 두어 번 하고 "뭐 그게 그렇게 대단하다고?" 하며 슬며시 사양했다.

 그러나 부장은 이성계의 마음속을 꿰뚫어 보고 있는 터라 이성계에게 큰소리로 "장군님, 그러면 소장이 대신 안변을 다녀올까요?" 하고 슬쩍 말하자, 이성계는 큰소리로, "일국의 녹을 받는 장수가 사사로운 일에 심신을 쓰다니?…" 하고 부장을 힐책하면서도, "그럼 차라리 변방의 방위 태세도 볼 겸 같이 갑시다" 하면서 은근슬쩍 으름장을 놓았다. 이렇게 하여 안변에 온 이성계는 수소문 끝에 유명하다는 걸승의 거처를 찾아갔다.

 산기슭에 토굴을 파고들어 앉아 있는 걸승은 중이라기보다는 오히려 천하에 빌어먹는 거지 중에서도 상거지라고 하는 게 훨씬 적격인 듯이 보였다.

 이성계 자신은 물론이고 같이 간 군졸까지도 허름한 백성으로 변복을 하고 서 있었기 때문에 누구도 이성계란 인물을 알아볼 수 없었다.

 걸승이 있는 토굴 앞에는 순서를 기다리는 사람들이 웅성웅성 모여 있었고 파자점단을 보고 나온 사람들은 "어쩜 그렇게 귀신같이 꼭 맞추는지 모르겠다"며 혀를 찼다. 이성계도 다른 사람과 같이 줄을 서 있다가 차례가 되어 굴 안으로 들어갔다.

 굴 안에는 삼사십 대로 보이는 남자와 여자 하나가 수심이 가득 찬 얼굴로 앉아 있는 모습이 보였다. 이성계는 그가 어떻게 점단을 하고 있는가를 유심히 보았다.

걸승은 먼저 와 있는 남자에게 "당신이 큼직하게 써놓은 여러 가지의 글자 중에서 하나만 골라 짚으시오" 하고 말하자 그 남자는 자신의 운명을 물은 다음 물을 문(問) 자를 짚었다.

걸승은 그 남자가 짚었던 문(問) 자를 한참이나 들여다보고 있더니 갑자기 큰소리로 "허, 당신은 내 친구로구먼!" 걸승의 이와 같은 큰소리에 어이가 없다는 듯이 그 남자는 "그게 무슨 말씀이세요?" 하고 반문하자 걸승은 재차 큰소리를 치며 "당신 거지 아니야? 거지, 거지도 몰라? 당신이나 나나 깨진 바가지에 밥 얻어먹는 것은 똑같잖아. 그러니까 당신과 나는 친구지 허허…"라고 미친 듯이 큰소리를 치고 일갈 성토를 하자 걸승의 말에 감탄한 사내는 "대사님, 맞습니다. 맞아요, 저는 거지예요. 한때는 그런대로 살았는데 오랑캐들이 쳐들어왔을 때 처자를 잃고 한을 가슴에 안은 채, 하늘을 지붕 삼아 문전걸식을 하며 살아왔습니다" 하며 눈물을 흘리더니 그만 토굴 밖으로 나가버렸다.

그러자 지금껏 기다리고 있던 여인이 걸승 곁으로 다가가 세상살이가 하도 비관적이나 앞으로는 즐거운 일이 있을까 하는 뜻에서 즐거울 락(樂) 자를 짚었다. 걸승은 글자를 짚고 있던 여인의 손가락이 채 떨어지기도 전에 투명한 소리로 "쳇, 과부구만. 당신 남편이 목매달아 죽었지?" 걸승이 추상 같은 목소리로 일갈하는 동안 여인의 눈에는 어느덧 눈물이 흘렸다. 그러면서 원망하는 목소리로 "그래요, 도사님. 남편은 약초를 캐러 가서 목매달아 자살했어요. 그런데 어떻게 그런 것까지 아세요? 정말 신기하네요."

여인의 이 같은 말에 걸승은 가파른 절벽에서 쏟아지는 폭포수같이 전혀 주저하는 기색도 없이 "허, 즐거울 락(樂) 자는 흰 백(白) 자 변의 상층 중심부, 즉 사람으로 비유하면 목 부위에 해당하는데, 그 목 부위 양쪽에 흰 실타래가 있어 이는 마치 목을 맨 끈과 같고 맨 아래의 나무 목(木) 변은 사람이 죽으면 죽은 이의 칠성판(七星板)과 같으니 이 모두를 종합해 보면 흰 노끈으로 목을 매 칠성판에 누워 있는 게 아닌가?" 하는 것이었다.

여인이 토굴을 나가자 이어서 이성계가 허름하고 초라하게 보이려고 짚고 왔던 나무 막대기를 토굴 벽에 걸쳐놓고 걸승의 면전에 정숙한 모습으로 앉았다. 그런데 이상하게도 세워놓은 막대기가 옆으로 댕그랑하고 토굴 바닥으로 쓰러졌다. 그러자 걸승은 뭔가 심상치 않다는 태도로 그 막대기를 한참 동안 응시하더니 "에헴, 허, 배가 부르도다." 아무 영문도 모르는 이성계는 "도사님, 저의 운세 좀 봐주세요?" 하고 정중하게 청하자 걸승은 눈썹을 위아래로 몇 번 올렸다 내리더니 이성계에게 글씨를 짚어보라고 한다. 그리고 곁에 있는 바가지에 찬밥 한 덩어리를 볼이 터지도록 입속으로 밀어 넣고 허리에 차고 있던 호리병 모양의 물통을 입에 대고 절반은 흘리면서 겨우 마시는데 지저분하기 그지없었다.

그런데 이성계는 아까 걸인이 짚었던 물을 문(問) 자를 짚었다.
걸승은 큰 소리로 파안대소(破顔大笑)한다.
"지존이요, 지존(至尊)!" 이성계는 "지존이라니요. 대사님! 그게 무슨 말씀이십니까?" 그러자 걸승은 방금까지 파안대소하던 모습을 바꾸어 조용한 어조로 "귀공께서 짚은 문자는 좌군 우군(左君 右君)의 상(象)이

므로 이는 장차 임금이 될 징조이고 일장토상지락(一杖土上之落) 또한 필유 지존 지인(必有 之尊 之人)이니 장차 임금이 되실 것은 의심할 바가 없오이다"라며 단호한 어조로 장담했다. 그러자 이성계는 걸승에게 "같은 물을 문(問) 자인데, 아까 그 남자에게는 문 앞에 입이 있으니, 문전 걸인(門前 乞人)이라 하시고, 지금은 좌군 우군(左君 右君) 하며 손바닥 뒤집듯 하시는지요?" 조금은 불만스럽다는 어조로 이성계가 따지고 들자 걸승은 시간이 흐를수록 침착해지며, "해와 달이 춘하추동을 이루고 세상 만유(世上 萬有)는 돌고 돌아 시시각각으로 천차만별하여 같은 글자를 가지고도 짚는 사람이 앉아 있는 방향이나 시각에 따라 해석이 달라질 수 있소이다"라고 논리 정연하게 지적하면서 "아까 그 사람은 내가 얻어다 놓은 밥 옆에 가까이 앉아 있으면서 물을 문자를 짚었으니, 이는 마땅히 문전 구치(門前 口置), 즉 걸인이라 할 수 있고 귀공께서는 임금 왕(王) 자 곁에서 똑같은 물을 문 자를 짚었으니 좌군 우군 즉 임금이 아니고 무엇이겠소?"

이성계는 걸승의 이야기에 이해가 가는지 고개를 연거푸 끄덕이며 다그치듯 걸승에게 물었다.

"대사님 방금 말씀에 임금 왕(王) 자 곁에 앉아 있다고 하셨는데, 이 토굴 속에 임금 왕(王) 자가 어디에 있는지요?" 이성계의 말이 끝나기도 전에 "허허허…" 하고 웃어대던 걸승은 "바로 거기에 있지 않소, 허허허…"

일장토상지락(一杖土上之落), 즉 한 개의 막대기가 흙(土) 위에 떨어졌으니 이게 바로 임금 왕(王)자가 아닌가…. 그제야 이성계는 속이 후련한지 걸승에게 자신이 항간에서 말한 이성계라고 밝혔다.

그러자 걸승은 처음에는 몰랐지만 나중에 나타난 자괘(字卦)를 보고 알았노라고 솔직하게 털어놓았다. 그러면서 마지막으로 당부했다.

물을 문(問) 자를 자세히 보면 "한 임금(君)은 분명하나 또 다른 임금(君)은 분명치 않아 입 구(口) 자 하나를 갖고 서로 끌어가려고 난투극을 벌이다 입마저 찢어진 형상이라 불길하며 흙(土) 위에 막대기(一) 하나를 더하니 이는 완벽한 임금 왕(王) 자가 되므로 결국 임금을 뜻한 글자는 셋이 되어 앞으로 귀공께서 임금이 되는 것은 틀림없으나 2~3대(代)까지는 왕위 찬탈이 있게 될 것이옵니다"라고 했다. 그러고는 자리에서 일어나 이성계를 향해 정중하게 예의를 올렸다.

토굴에서 나온 이성계는 자신이 임금이 되는 것은 하늘의 소명이라 확신하고 그 위치를 확보하여 흉중에도 그 기회만을 노리고 있던 차 마침내 위화도회군(威化島回軍)을 계기로 고려조를 멸망시키고 조선왕조를 창건했다.

이성계는 임금이 되자마자 전의 밀약대로 무학대사를 왕사(王師)로 봉했고 석왕사(釋王寺)란 절을 지어주었다.

혁명으로 왕권을 찬탈한 일이며, 이성계가 물러나자 왕위 찬탈을 목적으로 1, 2차에 걸쳐 왕자의 난(亂)이 일었던 일은 걸승이 예언한 바 있다. 4대째인 세종대왕에 이르러 바야흐로 태평 성국 시대가 열리게 되었다.

해거리

얼마 전 시골집을 돌아보았다. 부모님께서 기거하시던 집을 빈집으로 비워두기가 아쉬워 서울에서 귀향한 젊은 부부에게 살고 싶을 때까지 부담 갖지 말라고 내어준 집이기에 가끔 찾아가 보는 고향 집이다.

집 옆으로 100여 년의 세월 동안 우리 집안 내력을 지켜온 감나무 한 그루가 매년 10접씩 수확을 안겨준다. 이것만은 내가 따서 가져가겠다고 조건을 붙여 세 들어 사는 서울 부부에게 합의한지라 나는 이 감을 수확하기 위해 이날도 시골집을 찾았다.

앞마당에 많은 감들이 떨어져 있다. 진즉에 떨어졌는지 마늘통만 한 것들이 굴러다닌다. 아까운 생각이 들었다.

매년 10접씩 수확을 했고 그것을 아는 지인들에게 한 접씩 나누어 주고 곶감을 만들고 남아서 홍시까지 만들었는데 지금은 저절로 떨어져 솎음이 되었나 보다.

장마철이 지나가고 한 달 전부터 떨어졌다고 젊은 새댁이 말해준다. 날씨에 의해 떨어지고 나무가 우정 떨어트리는 경우도 있는 듯하다.

아무리 그래도 많이 따는 게 좋을 테지만 나무로 보나 오래 먹는 거로 보나 그게 더 좋은 뜻일 수도….

해거리를 통해서 원만한 성장이 이루어지는데 최근 과수원의 감나무는 해거리를 못 하게 인위적으로 거름을 잔뜩 주고 살충제를 친다고 한다.

여타 과일나무보다 유난히 해거리를 하는 감나무에게 해거리를 하지 못하도록 압박을 준다니 사람의 이기심은 어디까지일까?

요즈음 텃밭에 가면 호박이 지천이고 가지며 고추도 얼마나 달리는지 빼곰할 틈이 없다.

비가 오지 않는 바람에 꽃 피는 대로 수정이 되는 까닭이라 했다. 꽃이 떨어져야 쉴 여지가 있고 그래야 서리 올 때까지 먹으련만 이러다가 찬바람이 나기도 전에 시들지 않을까. 조금씩 오래 두고 먹든 한 번에 푸지게 먹든 마찬가지였으나 서리가 내리기 전의 애호박이 제대로 달릴지 걱정스럽다. 가지도 워낙 더운 날씨다 보니 많이는 달리는데 초가을 흑단나무에 참기름을 친 것 같이 빤들빤들한 게 드물다. 고추 역시 저렇게 달리다가 초겨울 집 고추도 따지 못하는 건 아닌지….

식량 고추는 흔할지 모르나 소금에 삭혔다가 먹는 것도 괜찮다. 그나마 장마가 시작되면서 달리는 기세가 조금씩 주춤하는 게 다행이다. 해거리야말로 모든 작물의 덕목이고 미덕이 아닐까 한다.

힘에 부치니 한 해 쉬어간다는데 그 정도는 여유를 갖고 참아줄 일이다. 아까운 열매가 떨어지기도 하면서 휴식기를 가져야 탐스럽게 달린다. 해거리를 못 하게 변수를 쓰는 것은 무리가 따를 수밖에 없다.

감나무가 툭하면 부러질 만치 약하다지만 그걸 해거리 삼아 조율하는 것도 자동 조절 시스템의 일종이다. 과일이든 작물이든 번차례로 해거리가 되면서 균형을 잡아나간다.

올가을 도토리가 흔하면 내년에는 밤 혹은 대추가 잘 달리는 격이다.

주렁주렁 붉은 감을 매달아 힘겨운 나뭇가지 사이로 가을 하늘 한 자락이 그림처럼 걸려 있다.

그리운 사람

세상에서 가장 아름다운 고통은 그리움이라고 하였다.
철부지 어린 시기에는 어른이 그립고 나이가 들면서는 젊은 날이 그립다.
더운 여름날에는 흰 눈이 내리는 날이 그리웠고 겨울에는 푸른 바다의 파도 소리가 그립다.
헤어지면 만나고 싶어서 그립고 그리워서 다시 찾는다.
옆에 둘 때는 몰랐는데 이별하고 세월이 한참 흘러간 후에야 부모 형제가 그립기도 하고 부부의 정이 그리울 때도 있다. 그리워하는 마음이 들기도 한다.

돌아보면 어떤 사람은 따뜻했고 어떤 사람은 차가웠다. 어떤 사람은 만나기 싫었고 어떤 사람은 헤어지기 싫었다.
이제 나이가 들어가면서 누군가에게 그리운 사람으로 남고 싶어진다.
내가 다른 사람을 그리워하는 것보다 다른 사람이 나를 그리워하는 사람이 되고 싶다.
누군가는 나를 그리워하고 나도 누군가가 그리운 따뜻한 오늘이 될 수 있다면 그보다 더 좋은 바람이 어디 있으랴.
사람이 그리워야 사람이다.

내 밥그릇 챙기기

사랑에도 유통기간이 있어 시간이 지나면 변질을 초래한다.

가장 숭고한 사랑은 어떤 경우에도 영원히 변함없는 한결같은 사랑이다.

53 글방에 '사랑'이란 주제의 글로 4월 한 달을 장식했다. 몇몇 사람들의 소박한 사랑 이야기를 추억하며 목마른 사랑 타령을 실감한 듯하다.

나이 칠십이 가까워 오는 노년의 감정이 글로 표현되기에는 여러 어려움이 있겠지만 그래도 사랑으로 시작하다 보니 가장 가까운 사람에게 그 흔한 사랑한다는 표현을 잊고 살았다는 미안함이 일기도 한다.

반복되는 생활의 일탈에서 벗어나지 못하고 퇴근 후 집에 오면 왠지 허전해 냉장고를 연다. 음식을 꺼내 한 끼 의무처럼 혼식을 하고 공허한 마음에 누군가에게 전화를 걸어 그냥 의미 없는 이야기를 전한다.

결국 오늘도 변함없는 넋두리는 상대방을 배려하지 못한 나의 주접스러운 넋두리로 시작하여 핀잔으로 끝을 맺는다.

"나이가 칠십이 내일인데 무슨 주책없이 사랑 타령이냐. 다른 데 눈 돌리지 말고 와이프한테 잘해, 남에게 잘해봤자 허풍산이 소리나 들어."

그런가? 사람이 좋아 친구가 좋아서 분위기에 취해 허허실실 한잔 술에 만사가 형통이거늘….

회사에서 그저 일벌레처럼 쌓인 사무적인 처리며, 업무적 스트레스를 지닌 채 귀가하는 일이 하루 이틀도 아닌데 오늘은 한 잔이 간절하다. 그러나 그 흔한 캔 맥주나 소주 1병 준비해 놓은 것이 없다. 편의점에 나가 한 병 사 올까 하다 그것마저 귀찮아 마음을 접는다. 이때 울리는 휴대폰 벨 소리가 낯설게 다가오는데 와이프의 전화다.

"10시 10분까지 제천역으로 나와."

"오늘이 무슨 요일인데 오냐."

"오늘이 금요일이지, 날짜 가는 것도 모르냐!"

"그러네, 힘든데 뭐 하러 내려와. 서울에서 쉬지."

"누군 내려가고 싶어서 내려가냐. 코로나 때문에 예지네 집에 가는 것도 조심스러워 갈 데가 없으니 가지. 집 지키러 가는 줄 아는 모양이지?"

"알았어. 시간 맞추어 역전으로 나갈게."

"사람 기다리게 하지 말고 미리 나와서 좀 기다려라. 나도 힘들어 죽겠다."

"알았어. 미리 나가서 기다릴게. 잔소리 좀 하지 마라. 택시 타고 오면 기본요금인데…."

"누군 택시 탈 줄 몰라서 안 타냐. 한 푼이라도 아끼려고 하는 거지."

"궁상떨지 마라. 나는 회사 일 하며 얼마나 피곤한지 알기나 하냐."

"당신 같은 사람이 어디 있나 봐라. 마누라 서울에서 내려오는데 마음 편하게 마중 나오면 어디 덧나? 나오기 싫으면 나오지 마. 걸어가면 되니까."

"알았다. 제천역 간이 주차장에 있을게."

세월 가는 줄도 모르고 직원들과 저녁 식사라도 했더라면 또 실수를 할 뻔했다.

이렇게 금요일이면 와이프 마중 가는 일상의 주말부부 생활이건만 항상 투덜거리는 것이 습관인지 불만인지 모질다 싶은 이런 내가 이상한 건지?

"대합실에서 기다리면 안 되냐. 퇴근해서 제천으로 내려오는 것도 힘든데."

역전 대합실에서 주차장까지 500m 가까이 양손에 보따리를 들고 걸어오는 와이프의 잔소리가 매섭게 들린다.

"가지고 오는 물건이 있다고 대합실로 오라고 하지."

"그냥 나오라고 하는데도 짜증을 내는데 대합실로 오라면 당신이 가만히 있겠어. 오만 잔소리 다 할 텐데 앓느니 죽지."

할 말이 없다. 내가 이리 와이프에게 마음의 상처를 주었던가 싶다. 짐을 받아 차에 싣고 말없이 차를 몰았다.

집 앞 신호등이 있는 사거리에서 와이프가 세워 달란다. 롯데마트 10시 30분까지 영업하니까 금요일은 알뜰 코너 물건을 싸게 살 수 있다고 먼저 가란다. 힘들다고 투덜대지나 말지.

"들고 올 물건 많으면 연락해."

"됐네요, 내가 들고 오는 게 마음 편하지."

주차를 하고 물건을 꺼내 4층까지 걸어 올라가는데 무겁다. 와이프의 억척스러운 마음이 조금은 이해가 간다. 무엇이 이렇게 무겁나 풀어보니 나의 간식거리인 모양이다.

잡곡이며 견과류다. 매일 아침 요플레에 혼합하여 먹는 땅콩, 호도, 아몬드 외 다수다. 이곳에서 구입하여도 되는데 아마 서울에서 구입하는 게 값이 절약되는 모양이다.

잠시 후 숨을 몰아쉬며 4층 계단을 올라온 와이프의 손에는 방금 내가 가지고 올라온 물건의 양보다 더 많았다. 4층까지 혼자 힘들게 가지고 올라왔으니 안쓰럽고 미안한 마음이 든다. 포장 박스를 열고 주섬주섬 정리하는데 소주 2병에 맥주(페트병) 2병이 들어 있다.

"어쩐 일로 술을 다 사 가지고 왔대. 별일이네. 안 하던 짓을 다 하고."

"마음이 답답해서 한잔하려고 샀다. 신랑이란 자가 평생 마누라하고 술 한잔하자고 하질 않으니."

"그래 한잔하자. 나도 한잔하고 싶었는데 귀찮아서…."

"남자가 왜 그러냐. 마누라 데리러 나오는 게 그리 싫으냐. 남 같아도 이렇게는 않겠다."

"알았어. 술이나 한잔하자. 나도 회사 일에 스트레스를 받아서 그런 모양이야."

집에서 좀처럼 술 한잔할 일이 없고 와이프가 한잔하자고 해도 자리를 회피하던 나였기에 와이프 역시 나의 이런 행동에 오히려 좋은 감정으로 받아들였던 것 같다.

그럭저럭 술잔을 부딪치며 술기운에 취기가 돌고 그런 기분으로 와이프에게 사과를 했다.

언제인가 어떤 친구가 자기 것 옆에 두고 남의 것 욕심내려는 사람들의 심보가 보기 싫다고 핀잔을 하던 기억이 난다. 줏대 없이 마음만 좋아서 이 사람 저 사람에게 전화해서 외롭네. 심심하네. 쓸데없이 주접떨며 기웃거리는 것이 얼마나 추하게 보이는지 모르는가 보다고 한다. 외로움도 혼자 즐길 줄 알아야 한다고, 어차피 인간은 결국 혼자일 수밖에 없는 거라고 한다. 어퍼컷 한 방으로 제압을 당한 것이다. 아찔했다.
"남의 밥그릇 넘보지 말고 내 밥그릇 잘 있는지 자나 깨나 살펴보자."
자식들 생각해서 주책 떨지 말고 마음을 나눌 수 있는 진정한 친구를 찾아 대화하며 남은 시간을 보람되게 보내라고 한다. 백번 옳은 말씀이다.

아름다운 꽃

그녀는 남편과 다툰 후 속상한 마음을 달래려 마당으로 나왔다. 채 마르지 않은 머리카락이 바람에 스치자 소름이 돋을 만큼 한기가 느껴졌다.
그때 남편이 드라이기를 들고 나오며 말했다.
"그만 화 풀고 이리 와!"
남편은 못 들은 척하는 그녀를 억지로 의자에 앉히고 머리를 말려주었다. 정원 가득 핀 꽃들을 바라보며 아무 말 없이 남편에게 머리를 맡기고 있는 동안 그녀는 다툰 이유조차 생각나지 않을 만큼 마음이 편안해졌다. 그녀보다 나이가 많은 남편은 이해심과 포용력이 많은 사람이었고, 다툼이 있을 때마다 이런 식으로 그녀를 달래주곤 했다. 표현하지는 않았지만 그녀는 이런 남편에게 늘 고마운 마음을 가지고 있었다.
잠시 후, 남편이 말했다.
"언제인가는 당신 혼자 이 자리에 앉아서 오늘 이 순간을 회상하는 날이 오겠지."
남편의 목소리는 담담하면서도 어딘지 모르게 슬픔이 묻어 있었다. 뜻밖의 말에 당황한 그녀는 남편을 향해 몸을 돌리며 말했다.
"당신은요?"
남편은 드라이기의 작동을 멈추고 그녀를 안심시키듯 싱긋 웃어 보이고는 그녀의 머리를 다시 말리기 시작했다. 두 사람의 침묵 속에서 드라이기 소리는 더욱 크게 들려온다.

남편은 한참 만에 대답을 했다.

"글쎄… 아마 당신보다 먼저 하늘나라에 가 있지 않을까?"

드라이기 소리는 더욱 크게 들려오고 순간 그녀는 가슴이 철렁하고 내려앉는 기분이었다.

오늘 이 세상에서 가장 빛나고 아름다운 꽃은 바로 당신들이다.

고독사(孤獨死)

길가에 앉아 있다 보면 개미들의 부지런함을 본다. 개미의 생존본능을 살펴보면 조물주의 배려치곤 너무 가혹하다는 생각마저 든다.

인간 사회에서 바라볼 때 경로 효친 사상 따윈 존재하지 않는다. 개미는 늙어도 그들만의 전쟁터로 내몰린다. 개미의 특성상 나이 든 개미라고 해서 인간처럼 뒷방 노인 신세가 되진 않는 듯하다. 이는 개미 몸의 구조 때문이란다.

늙은 개미지만 그것들의 근육은 몸 외피에 있어 힘쓰는 일에 불리하지 않다. 이런 개미에 비하여 인간은 근육이 내피에 존재하기에 나이를 먹으면 맥을 못 추는가 보다.

만물의 영장이라고 일컫는 인간이 늙으면 한낱 미물인 개미만도 못하단 말인가. 이 생각에 이르노니 노화야말로 죽음보다 더 큰 흉적(凶賊)인 듯하다.

무엇보다 견딜 수 없는 것은 노년의 외로움이다. 우린 홀로 이 세상에 왔다가 이승을 떠날 때도 혼자 간다. 그 길엔 친구가 없다. 그러하기에 인간의 외로움은 숙명적이고 노년의 고독은 참으로 가슴 저리는 일이 아닐 수 없다.

젊은 날 현직에서 오로지 앞만 보며 충실히 사회적 활동을 한 사람일수록 정년퇴직 후 사회적 고립감과 외로움은 혹독하게 우리에게 다가온다.

어느 지인은 아침 8시면 자신의 남편 스마트폰 카톡이 어김없이 울린다고 했다. 직장을 퇴직한 남편 친구들이 꼭 이 시간이면 잊지 않고 단체 카톡을 통하여 서로 안부를 묻곤 한단다.

그 덕분인지 지인 남편은 퇴직 후에도 활력을 잃지 않고 지낸다고 했다.

지인의 말을 들은 후 늙어서는 통장 잔고 못지않게 주변의 인맥도 중요하다는 말이 새삼 가슴에 와닿았다….

그나마 컴퓨터에 익숙한 베이비 붐 세대들은 직장을 떠나 집 안에 머물면서도 사회와 소통을 나누지만 이에 반하여 우리 부모님 세대들은 인터넷이 서툴러 불통인지라 고립된 삶을 살기 일쑤다.

내가 사는 아파트 앞 둘레길 의자엔 지팡이를 한 손에 쥔 채 망연히 한곳만 바라보는 고령의 노인들이 적지 않다. 그분들을 뵐 때마다 "늙고 병든 노년의 삶에 과연 희망은 무엇일까?"라는 생각을 해보곤 한다.

모르긴 몰라도 노인들에게 마지막 남아 있는 간절한 소망이 있다면 오로지 자녀가 무탈하게 지내는 것과 친구나 지인이 곁에 있어주는 것일 게다.

그만큼 노인의 삶은 사회로부터 단절과 고립 속에 갇혀 사는 일상인데 하긴 아는 노인들만의 이야기만은 아니다. 개인 이기주의가 만연한 탓에 이웃과 단절로 두터운 마음의 벽을 만들어 이웃사촌이란 말도 이젠 무색해졌다.

또한 현대엔 이혼, 사별, 독신, 만혼이 늘면서 혼자 사는 가구 수가 증가하고 있는 추세인 듯싶다.

이런 사회적 현상 탓에 요즈음엔 20~30대도 홀로 지내는 사람들이 많다. 또한 40~50대의 홀로 사는 중장년층이 늘고 있다. 이에 황혼 이혼까지 가세해 독거노인들도 그 수가 만만치 않다. 그야말로 군중 속의 고독인 셈이다. 아니 고립이고 세상과의 단절이기도 하다.

이에 따른 고독사(孤獨死)가 심각한 사회 문제로 떠오르고 있다. 이에 생각이 이르자 방미가 부른 '날 보러 와요'라는 유행가가 문득 떠올라 한 소절 입속으로 가만히 흥얼거려 본다.

이 노래 가사처럼 외로울 때 언제 어느 때고 전화라도 걸 수 있는 상대가 있다는 것은 행복이다. 요즘은 자신에게 별다른 이익 없는 사람의 전화는 받지 않는단다. 이런 각박한 세태에 힘들고 어려울 때 기댈 수 있도록 자신의 가슴을 선뜻 내어줄 사람이 곁에 있다면 참으로 축복받은 삶이리라.

이기심이 팽배한 세태에 흔치 않은 일이어서 더욱 그렇다.

이 노래 가사 대로 외로울 때 불쑥 찾아갈 수 있는 상대가 과연 몇이나 될까 헤아려 본다. 그리고 보니 나는 과연 타인을 위해 내어줄 가슴이 있기는 한 걸까 생각하게 된다.

참새구이

동짓달 성마른 바람이 눈 쌓인 나뭇가지에 앉았다가 날아가길 반복하는 참새를 물끄러미 바라보고 있으려니 그것 또한 재미있다. 참새들이 패딩을 입은 것처럼 털이 도톰한 모습이다. 참새는 나뭇가지를 열심히 쪼아대며 재잘대다 날아가 버린다.

어렸을 적 고향에는 참새가 참 많았다.
미루나무에도, 버드나무에도, 탱자나무에도, 흙담 위에도 참새들이 앉아 노는 모습을 흔하게 볼 수 있었다.
지금이야 참새를 보호하려는 생각이 가득하지만 어릴 적에는 구이를 해 먹으려는 본능이 컸다.
겨울 방학이 되면 우리는 참새 잡는 일로 시간을 보냈다. 잡는 방법은 다양했다. 헛간 초가지붕 처마에 구멍을 뚫고 들어가 손을 쑥 집어넣어 잠자는 참새를 잡았다. 잡힌 참새를 받아 들면 따뜻한 깃털을 입은 작은 목숨이 손바닥 안에서 파닥거렸다. 재미를 느낀 나와 동생은 기구를 이용하기 시작했다.
탄성이 좋은 참싸리 나뭇가지를 구부려 벼 이삭을 매단 덫을 짚단 더미 위에 놓았다. 어느 날은 삼태기를 세워두고 그 안에 나락이나 쌀을 놓아두고 참새가 들어오길 기다렸다. 그러나 이런 방법으로는 약삭빠른 참새를 쉽게 잡을 수 없었다. 어쩌다 걸려든 참새들을 아궁이 잉걸불에 구워 껍질을 벗기면 기름기가 전혀 없는 빨간 속살이 나왔다. 내장을 제거하고 바싹 구운 참새를 뼈까지 오독오독 씹으면 맛이 좋았다. 참새 다리 하나를 얻어먹는 날에는 내 키도 부쩍 자라는 것만 같았다. 얼마나 맛이 좋으면 참새 다리 하나를 소 한 마리와도 바꾸지 않는다고 했을까.

운이 좋은 날에는 꿩이 잡히기도 했다.

동생들과 같이 꿩의 가슴과 목 주변 부드러운 깃털을 뽑았다. 특히 수꿩은 색깔이 고와 작품을 만들면 환상적이다. 알록달록한 깃털을 모아 스케치북에 하나씩 꽂으면 멋진 작품이 완성되었다.

겨울이 되면 도시에 사는 막내 고모부가 동료들과 함께 값비싼 스즈키 오토바이를 타고 사냥을 하러 오셨다. 집 근처의 뒷산에는 토끼, 꿩, 노루가 서식하고 있었기에 사냥하기에 최적이었다. 가죽조끼에 목이 긴 부츠를 신고 가죽 모자를 쓰고 총알이 나란히 꽂혀 있는 탄띠를 찼는데 허리띠에는 참새가 스무 마리 정도 매달려 있었다.

할머니는 사위와 손님들에게 따뜻하게 데운 반주와 찌개로 대접을 했다. 일행들은 정종 한 주전자를 금방 비우고 다시 사냥을 떠났다.

고모부가 번쩍거리는 총을 거꾸로 뒤집어 열심히 펌프질했다. 참새 떼를 조준한 어깨에는 총열이 번쩍였고 개머리판이 "꽝" 하는 폭발음의 반동을 받아낼 때마다 영락없이 백발백중 참새가 떨어졌다.

고모부가 오시는 날에는 참새구이를 더 많이 얻어먹을 수 있어서 마냥 좋았다.

오토바이 라이딩 행렬이 굉음을 내며 마을을 떠날 때면 시골 마을이 들썩했다. 이제는 고모부도 아니 계시고 참새 떼도 사라지고 덩달아 옛 정취도 사라졌다.

이렇게 추운 겨울에 몸을 한껏 둥글둥글 모으고 먹이를 찾는 참새를 보면 그 옛날 재미로 잡던 생각이 나서 속죄하는 마음으로 참새에게 먹이를 던져주곤 한다.

고압선 위 새가 안전한 이유

전기와 함께 살아가는 현대인은 하루에도 수십 번 전선을 만진다.

전류가 전선을 통과하고 있는 순간에도 거리낌 없이 전선을 잡고 휘두른다. 이 전선이 안전할 것이라는 분명한 믿음을 가지고 있기 때문이다.

이러한 믿음은 어디에서 비롯된 걸까.

우리 몸에는 언제나 전기가 흐르고 있다. 인체는 전류가 흐르는 물질로 구성되어 있으며 인간의 뇌는 전기 신호를 사용해 모든 신경계에 명령을 내린다.

심장도 수축할 때마다 규칙적인 전기를 일으킨다. 특히 피부에 생기는 땀은 소금물과 같은 이온성 물질로 전기를 더 잘 통하게 해주는 효과가 있다. 즉 우리 사람은 전기가 잘 전해지는 특성을 지닌 물질 도체라 할 수 있다.

도체란 전기 전도체의 줄임말로 전기전도도가 낮아서 전기가 통하기 쉬운 물질을 말한다.

감전은 이러한 우리의 전기적 성질 때문에 발생한다.

사람의 몸이 외부의 도체와 접촉하면 평소보다 강한 전류가 흐르게 되고 이로 인해 전기적 충격이 일어나는 현상이 바로 감전이다. 반면에 전기가 흐르는 고압선 위의 새들이 멀쩡한 이유는 무엇일까? 누구나 알 것 같으면서도 답변하지 못하는 우리들이다.

　여기 전기를 접하는 기술인으로 요약 전달해 보려고 한다. 혹 귀 기울여 상식으로 받아들여 정리하면 해박한 상식이 될 수도 있다.

　전기가 오가는 통로인 전선에도 도체(피복 속의 구리)가 들어가 있다. 가정에서 쓰이는 전선에는 가장 흔한 도체 물질 중 하나인 구리가 주로 쓰인다. 만약 우리가 전선을 만질 때 전기가 통하는 구리와 몸에 직접 닿는다면 감전의 위험이 발생할 것이다. 하지만 우리가 안심하고 전선을 만질 수 있는 이유는 도체인 구리 위에 덧씌워진 절연체 비닐 피복 덕분이다.

　절연체는 전기가 잘 통하지 않게 방해하는 물질로 도체(구리)와는 정반대의 특성을 지닌다. 전기 안전 기준에 따라 제대로 만들어진 전선은 전류가 흐르는 도체를 감싸 사람의 인체와 접촉을 차단하고 감전으로부터 우리 인체를 보호해 준다. 그러나 전선의 전기 안전을 지켜주는 절연체(전선 안의 구리)가 파손되면 무서운 일이 일어난다.

　피복이 벗겨진 전선은 감전과 화재의 원인이 되기 쉽다. 특히 전선의 전류가 누출되고 땅으로 흘러 발생하는 누전 화재는 심각한 피해로 이어질 수 있어 경각심을 가져야 한다. 반드시 규격 전선을 사용하고 전선의 피복이 손상되지 않게 꼼꼼히 관리하여야 한다.

　콘센트로부터 플러그를 뺄 때 전선을 잡아당겨 무리하게 빼지 않는 것처럼 일상 속 작은 실천이 중요하다. 가정의 배선이나 배선기구의 용량을 무시하고 전기를 많이 쓴다면 과전류로 인한 열로 피복이 녹아내릴 수 있다는 점도 생각하여야 한다.

이럴 때 전선의 피복이 손상된 것을 발견했다면 즉시 전원을 차단하고 안전하게 제거해 폐기하여야 한다.

가정용 전선과는 달리 전신 주위의 배선용 전선은 고압의 전류가 흐르고 피복이 씌워지지 않은 알루미늄 전선이나 절연체의 보호를 받지 않는 경우가 많다.

그런데 왜 고압선 위의 새들은 저리도 평화로운 것일까? 새들도 사람처럼 전기가 통하는 도체의 몸을 가지고 있다면 감전이 되어야 할 텐데 그렇지 않다. 이유는 참새가 전선 위에 두 다리로 서 있기 때문이다.

전류가 흐르기 위해서는 도체와 도체 사이에 전위차가 있어야 하는데 두 다리로 선 참새의 몸과 고압선은 전위차가 없어 전류도 흐르지 않는다. 고압선에 참새가 두 다리로 전선 위에 올라설 때 두 다리 사이의 전선 부분과 새의 몸통이 서로 병렬연결이 된다. 이로 인해 두 다리 사이의 전선 부분에는 저항이 0에 가깝게 되고 따라서 전위차도 0이 된다.

병렬 회로에서 분기된 회로들은 전위차가 모두 같기 때문에 참새 몸통을 통한 두 발 사이의 전위차도 0이 되는 원리다. 같은 원리로 사람도 두 팔로 고압선에 매달려 공중에 떠 있다면 감전을 피할 수 있다. 하지만 한 발이라도 땅이나 전주에 닿아 전위차가 생긴다면, 그 즉시 전류가 몸으로 흘러들어 갈 테니 새들과 같은 여유는 즐길 수 없는 것이다.

망년(忘年)

어김없이 또 한 해가 저물어간다. 한 해를 마감하는 연말이 되면 다양한 모임들이 있다. 그 대표적인 모임이 한 해를 잘 보내며 새해를 맞이하자는 뜻의 송년회이다.

그러나 올해는 코로나 확산 사태로 각종 연말 모임을 할 수 없으니 누구나 송년회는 물 건너갔다. 보신각 재야의 타종행사도 67년 만에 취소됐고 해맞이 행사도 취소되는 초유의 사태가 벌어졌다.

해마다 이맘때가 되면 으레 잘 쓰는 말이 다사다난이었다. 그러나 유독 올해에는 코로나 확산, N번방 미성년자 성 착취 사건, 태풍 마이삭 전국 강타, 기습폭우, 서울과 부산 시장 성추행 사건, 정의연 위안부 기금 유용, 집값, 전셋값 폭등, 여야 정치인들이 서로 국민의 뜻이라며 당리당략의 난장판 싸움 등 짜증스럽고 안타깝고 기막힌 사건들이 유난히 많았다. 올해는 송년(送年)이라는 말보다는 차라리 망년(忘年)이 적절한 것 같다.

어쩜 누구를 막론하고 폭삭 망한 해이기도 하다. 오죽하면 트로트 황제 나훈아가 '테스형!'이라는 현실에 딱 맞는 노래를 발표하자 바로 히트

곡이 되고 말았을까?

 특히 코로나 사태가 인간의 힘이란 그저 아무것도 아님을 깨닫게 해주었다. 우리의 가치는 무엇인가? 인간 본연의 섭리를 모르던 우리에게 코로나바이러스를 통해 미물에 불과함을 알게 됐다.

 교만하고 오만한 자들에게는 죽음을 가르쳐주고, 겸손하고 순응하는 사람들에게는 지혜와 슬기로 고통을 극복하는 방법을 가르쳐 주었다. 그러나 이 코로나19보다 더 나쁜 바이러스는 바로 우리들 사이에 있었다.

 어떤 일이든 절망을 희망으로 승화시키는 반전의 기회는 발상의 전환과 긍정적 마인드에 달려 있었다. 지금까지 우리가 너무 자만에 빠져 흥청망청한 삶을 당연시한 결과의 벌인지도 모른다.

 이 같은 고통을 피함으로써 가장 적절하게 즐거운 인생을 향유하게 하는 지혜가 바로 절제라 할 수 있다. 절제는 인생을 슬기롭게 살아가는 균형 감각이며 우리 자신에게도 이롭고 타인에게도 이로운 것이다.

 평상시 모든 가정에서, 식당에서, 길거리에서, 공공시설에서, 문화공간에서, 모든 공간의 인간관계에서 자제나 절제를 생활화해야 하는 교훈을 가르쳐 주었다.

 또 올해 우리에게 뼈저리게 깨우쳐 준 것은 우리는 모두 연결돼 있다는 것과 온 일류는 공동운명체라는 것이다. 인간 세상에는 상생과 상극의 양면이 뒤섞여 존재하며 영향을 끼친다. 상생만으로도 살 수 없고 상극만으로는 더더욱 살아갈 수 없는 게 세상의 섭리이다. 상생의 힘으로 에너지를 얻고 상극의 힘으로는 수양과 깨우침을 얻어야 한다.

요즈음 우리나라는 정치가와 관료를 그리고 사회를 이끌어 가야 할 지식층들이 사람답지 못한 사람이 많기 때문에 나라가 조용할 날이 없는 것이다.

지도자들이 머리로 아는 것은 넘쳐나지만, 당리당략에만 집착하는 게 문제이다. 그러다 보니 가진 사람과 가난한 사람, 젊은이와 늙은이, 부모와 자식 사이의 계층 간, 세대 간 갈등이 심각하여 그 해소가 무엇보다 시급한 당면 과제가 됐다.

소통의 문제가 시대의 절실한 화두로 떠오르고 있다. 상생이 곧 소통이고, 소통이 곧 상생이다.

새해에는 온 국민의 상생과 더불어 한 해를 돌아보며 감사할 것은 감사하고, 반성할 것은 반성하고, 말 그대로 어려웠던 한 해를 잊고 힘들었던 경험들을 잘 정리해서 우리 인생의 소중한 이정표로 삼아야 한다.

톨스토이는 한 해의 마지막에서 그해의 처음보다 더 나아진 자신을 발견하는 것이 인생의 가장 큰 행복이라고 했다. 새해의 첫머리에 정한 목표를 향해 노력하다 겪은 시련도 곧 행복이라는 뜻일 것이다.

올해 그나마 영화 「기생충」이 아카데미 국제영화제에서 4관왕을 차지하였으며, 간간이 해외에서 들려오는 손흥민 선수의 환상적인 골 소식이 간간이 미소 짓게 하니 다행이었다.

연말에는 가족끼리 화기애애하게 각 가정에서 조촐한 송년회를 하고 희망찬 새해를 맞았으면 한다.

천둥 번개의 가치

　전기공학을 전공으로 평생 전기장이가 되어 지금도 미련을 버리지 못하고 그쪽 분야에 종사하고 있다.
　원자력발전소의 전기 현장소장으로 포항제철의 건설의 전기 현장소장, 신도림 테크노마트 건설 전기 현장소장을 마지막으로 이제는 편히 쉬고 싶었는데 말이다.
　한국전력의 154kV, 345kV 변전소 건설 및 정비업무로 새롭게 시작된 시간이 퇴직 후 8년이 지나가니 덧없는 세월이 무심하기도 하다. 해서 전기의 어설픈 지식을 정리하면서, 자연의 전기 에너지인 천둥과 번개에 관한 소중한 유한 자원을 생각해 보고자 몇 자 적어본다.

　'번쩍' 하늘을 가르는 번개는 인류에게 공포와 경외의 대상이었다. 북유럽 신화의 토르, 그리스 신화의 제우스처럼 번개를 다루는 신은 강력하고 예측 불가한 존재로 추앙받았다.
　옛사람들은 이런 신들이 분노하면 지상에 번개를 쏘아 보낸다고 생각했다. 하지만 과학이 발전하면서 번개가 신의 분노가 아니라는 것이 밝혀진다. 번개의 무시무시한 힘은 어디서 오는 것일까?
　구름에서 전기가? 번개의 정체! 번개는 비가 올 때 그 모습을 드러낸다. 번개의 고향인 비구름은 작은 물방울과 얼음 알갱이로 형성되어 있다. 조금 더 자세히 들여다보면 작은 물방울과 얼음 알갱이 가운데 작은 것은 전기적으로 음(-)전하, 큰 것은 양(+)전하를 띠는 것을 발견할 수 있다. 이들이 서로 끌어당기거나 충돌하면서 전기가 방출되는 것이다. 이 현상이 바로 번개다.

번개는 강력한 전하를 가진 구름 덩어리가 다른 구름 덩어리를 만날 때도 발생한다.

'번쩍' 하는 것이 모두 번개는 아니다. 구름과 구름 속에서 발생하는 불꽃 현상은 번개라 하고.

구름과 땅 사이에 발생하는 불꽃 현상은 벼락, 또는 낙뢰라 부른다. 발생 형태에만 차이가 있을 뿐 벼락 역시 번개와 같은 전기 에너지의 특징을 띠고 있다.

흔히 번개와 함께 묶여 천둥 번개로 불리는 천둥은 번개가 공기층을 이동할 때 내는 소리를 말한다.

번개의 전기에너지는 얼마나 강력할까? 번개 또는 낙뢰가 칠 때 생기는 전력량은 얼마나 될까?

번개는 광속(빛의 속도)의 10분의 1 정도로 빠르며 벼락이 지나간 주변 온도는 2만 7,000도로 태양 표면 온도의 4배나 된다. 전압(V)은 1억에서 10억 볼트(V), 전류(A)는 수만 암페어(A)에 이르는 것으로 알려졌다.

최근에는 더욱 정교한 측정법을 사용한 연구를 통해 번개의 전압(V)이 그동안 과학계의 예상했던 것보다 훨씬 더 크다는 정설이 나왔다. 인도의 물리학자 굽타가 수행한 연구에 따르면 번개의 전압(V)은 13~20억 볼트(V)에 달한다고 한다.

그의 연구팀은 1년 동안 뇌우가 쏟아질 때마다 구름 속 소립자 '뮤온'을 이용해 전압(V)을 측정하며 분석해 왔다.

그 결과 번개가 칠 때 뇌운의 전압(V)에 이른다는 결론을 내릴 수 있었다. 대형 원자력발전소에서 나오는 에너지에 해당한다.

'뮤온' 우리 우주를 구성하는 가장 기본 입자 중의 하나로서 뮤 입자라고도 하며 그리스 문자(wmu)를 사용하여 나타낸다.

전자와 비슷한 성질을 가지고 있다.

번개를 잡아채 전기 에너지로 쓸 수 있을까? 힘이 센 번개가 훌륭한 에너지 자원이 될 수 있을까?

한국전력공사의 설명에 따르면 번개가 한 번 내리칠 때 발생하는 전기 에너지는 100W짜리 전구 10만 개를 약 1시간 동안 켤 수 있는 전력량, 즉 1시간당 1만 kWh와 같다고 한다. 하지만 이러한 번개를 전기 에너지로 사용하려면 반드시 해결해야 할 세 가지 문제가 있다고 한다.

첫 번째, 번개는 빠르게 사라지기 때문에 꾸준한 전력 생산이 불가능하다는 것이다. 실제 번개의 지속 시간은 최대 100분의 1초 정도로 매우 짧다.

사람이 세운 발전소를 대체하려면 1분에 한 번 이상은 벼락이 쳐야 된다고 한다.

두 번째는 번개 에너지를 붙잡아서 저장하기가 어렵다는 점이다. 번개 에너지를 온전하게 잡기 위해선 전기저항이 0에 가까운 초전도 저장 장치가 필요하다. 하지만 이런 저장 장치는 현재 우리의 과학 기술로 생산이 불가능하다.

마지막으로, 벼락이 칠 위치를 예측할 수 없다는 것이다. 벼락이 일정한 장소에 친다면 그곳에 발전소를 세울 수 있는데, 최신 기상 기술로도 장소 예측이 불가능하다.

　인공 번개로 전력을 만든다면 과학자들은 포기하지 않고 번개의 엄청난 에너지를 저장할 방법을 찾고 있다.
　2016년도에 UNIST(울산과학기술원)에서 인공 번개를 만들어 전기를 효율적으로 생산하는 '마찰전기 발전기'를 개발해 화제가 됐다.
　연구진은 구름 안에서 수증기 분자가 얼음 결정과 마찰하는 과정에서 전하가 분리되고 축척되었다가 엄청난 에너지를 지표면으로 방출하는 점에 주목했다.
　그리고 수증기 분자와 얼음처럼 서로 마찰시킬 수 있는 신소재를 개발했다. 이 신소재로 3층 구조의 마찰 전기 발전기 시스템을 구성했는데 발전기 가운데에 접지층을 삽입해 마찰 시 발생하는 전하가 외부 회로로 이동할 때 전하가 손실되는 것을 막아 효율을 높였다. 이렇게 만들어진 마찰 전기 발전기는 이전에 개발된 인공 발전기보다 100배 많은 전력을 출력할 수 있었다.

　연구진은 인공 번개 발전기로 스마트폰과 스마트워치 배터리를 충전하는 실험에도 성공했다.
　빗물을 물통에 담아 모으듯 번개의 전기를 담아 저장하는 방법도 나날이 발전하고 있다. 효율적인 수단만 찾는다면 하늘에서 내리는 번개는 인류에게 재앙이 아닌 선물이 될 것이다.

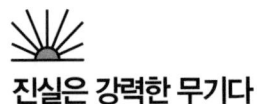
진실은 강력한 무기다

 이 세상에 진실로부터 도망칠 수 있는 사람은 없다. 살면서 때로는 피하고 싶은 진실과 맞닥뜨려야 할 때가 있다. 그냥 모른 채 살면 좋겠지만 진실은 너무 끈질겨서 우리 발목을 놓아주지 않는다.
 비상한 용기 없이는 불행의 늪을 건널 수 없다. 누구나 불행을 피해 갈 수는 없지만 그렇다고 이겨내지 못할 불행도 없다. 세상에 대한 원망과 자기 연민을 이겨낼 용기만 있다면 우리는 모든 고통으로부터 구원받을 수 있다.
 가장 견고한 감옥은 우리 스스로 만드는 것이다. 어떤 일을 망치는 가장 큰 원인은 두려움이다. 이 두려움이 갖가지 변명거리를 만들어 내며 우리를 뒷걸음치게 만든다. 그리고 이 두려움은 누가 우리에게 준 것이 아니다. 우리 스스로 만들어 낸 것이다.

 완벽주의가 좋은 인간성을 의미하지는 않는다. 일에서는 완벽주의가 빛을 발할 수 있지만 인간관계에서는 오히려 해가 된다. 그래서 완벽주의자는 함께 일하는 동료로서는 좋지만 친구로서는 꺼려지는 법이다.
 사랑은 인생에 처방하는 가장 강력한 진통제다. 고통으로 가득 찬 이 세상을 순간 살아볼 만한 곳으로 만들어 주는 신비로운 존재가 바로 사랑이다. 인간이 견디어야 할 모든 시련에 대한 보상으로 주어지는 것도 바로 사랑이다.

좋은 일이 일어나는 데에는 시간과 인내가 필요하다. 나쁜 일에 빠져드는 데에는 시간이 걸리지 않지만, 거기에서 벗어나는 데에는 상당한 인내가 필요하다. 좋은 것일수록 그것을 얻는 데에는 긴 시간이 필요한 법이다.

방황하는 영혼이라고 해서 모든 길을 잃은 것이 아니다. 인생에는 미처 다 가볼 수 없는 여러 갈래 길이 있다. 그 여러 갈래 길 사이에서 잠시 이탈하거나 행로를 변경하는 것은 방황이 아니라 오히려 행복한 모험일 수 있다.

짝사랑은 고통스러우면서 낭만적이지도 않다. 애정에 대한 과도한 욕구가 때로는 짝사랑으로 나타나기도 한다. 하지만 사랑은 서로 소통될 때 비로소 그 빛을 발한다.

혼자 하는 사랑은 낭만적이지도 행복하지도 않는다.

같은 행동을 반복하면서 다른 결과를 기대할 수는 없다. 우리는 너무나 많은 것을 체념하며 살고 있다. 하지만 희망이 없는 사람은 변화를 꾀할 수 없다. 불행하다고 느낀다면 지금과는 다른 방식으로 살아보려는 노력이 필요하다.

만일 지도가 지형과 다르다면 지도가 잘못된 것이다. 우리는 많은 것을 시행착오로 겪은 뒤에야 깨닫게 된다. 이 깨달음이 모여 인생의 지도를 만들어 나간다. 결국 인생이란 지금 발을 딛고 있는 현실에 맞게 머릿속의 지도를 수정해 나가는 과정이다.

지금 하는 행동이 미래를 말해준다. 나와 다른 어떤 사람에게 문제가 있다면 먼저 행동을 살펴야 한다. 말이나 생각이 아니라 행동이 그 사람에 대해 가장 정확하게 말해주기 때문이다.

감정적인 행동을 이성적으로 멈추게 할 수는 없다. 우리가 스스로 잘못인 줄 알면서도 어리석은 행동을 반복하는 그 행동이 논리적으로는 설명되지 않는, 편견이나 아집에서 출발한 것이기 때문이다.

나에게 일어난 일의 대부분은 나에게 책임이 있다. 사람은 자신의 고통을 다른 사람이나 외부 환경 탓으로 돌리려고 한다.

하지만 자신을 고통에 빠뜨리는 것도, 그 속에서 구해내는 것도 결국은 자기 자신임을 알아야 한다.

모든 인간관계에서 주도권은 무심한 사람이 쥐고 있다. 어떤 인간관계든 깨어질 때는 어느 한쪽이 먼저 마음이 떠나기 마련이며, 그 사람이 오히려 강자가 되어 원상회복을 위한 약자의 모든 노력을 헛수고로 만들어 버린다.

함부로 베푸는 친절이 상대를 더 망칠 수 있다. 우울증에 걸린 사람에게 필요한 것은 주위 사람들의 친절이나 보호가 아니라 절망을 이겨내겠다는 본인의 강력한 의지다.

정말로 바꾸고 싶다면 지금 당장 용기를 내야 한다. 무언가 불만이 있는데 부딪쳐 싸워낼 의욕이나 용기가 없어 내버려 두고 있다면 그 사람은 아직 충분히 불만스러운 것이 아닐지도 모른다.

열 번의 변명을 하느니 한 번의 모험을 하는 것이 낫다. 새로운 일에

도전하면서 왜 그 일을 할 수 없는가에 대한 변명거리만 준비하는 사람
이 있는가 하면, 스스로 그 일을 하지 못할 이유가 없다는 모험심으로
출발하는 사람도 있다.

지금 여기에서 좋은 것이 영원히 좋으리란 법은 없다. 뛰어난 두뇌와
유머 감각과 완벽주의 등 어떤 사람을 돋보이게 해주던 요소들이 때로
는 그 사람을 불리한 처지로 몰아넣을 수 있다.

인생에 절대적 가치가 없듯이 절대적 장점이란 것도 없다.

남을 속이는 것보다 자신을 속이는 것이 더 나쁘다. 갖가지 핑계로 게
으른 자신을 합리화하는 것만큼 어리석은 일은 없다. 자기 합리화가 반
복되면 결국은 어떤 판단도 올바로 할 수 없게 된다.

이혼과 불륜은 완벽한 사랑의 환상에서 비롯된다. 나를 온전히 이해해
주는 사람과 영원히 함께하는 완벽한 사랑이 있다면 얼마나 좋을까, 하
지만 그것은 환상이며 헛된 욕망일 뿐이다. 이혼과 불륜이 난무하는 이
현실이 그것을 말해주고 있다.

이별은 사랑의 가치를 더욱 소중하게 만들어 준다. 진실로 사랑했다면
그 사랑은 결코 사라지거나 죽지 않는다. 사랑하는 사람이 떠난 자리에
도 사랑은 그대로 남아 더욱 견고하고 아름다워진다.

아무리 좋은 부모라도 훌륭한 스승이 되기는 어렵다. 끊임없이 규칙을
만들고 강요하며 통제해야만 부모로서의 역할을 다하는 것이라고 믿는
사람이 있다.

하지만 그 결과는 오히려 아이를 나약하고 비관적인 사람으로 만들 뿐
이다.

어떤 사람은 아프다는 핑계로 책임을 회피한다. 아픈 사람에 대해서는 관대해지는 법이다. 누군가의 사랑을 갈구하거나 혹은 고통스러운 상황을 회피하고 싶을 때 우리는 몸져눕는 방법을 선택하곤 한다.

불필요한 두려움은 진정한 기쁨을 이 사회는 온갖 다양한 것들도 우리를 불안하게 만든다.

전쟁과 테러, 가난, 질병, 사업 실패…. 그것들은 단지 일어날 가능성이 있다는 것만으로 우리의 행복을 방해한다.

부모가 자식의 모든 문제를 해결해 주지는 못한다. 훌륭한 부모가 되고 싶다면 통제하는 대신 따라오게 해야 한다. 가장 중요한 것은 아이들에게 어떤 상황에서도 행복해질 수 있다는 믿음과 용기를 심어주는 일이다.

아쉬운 기억일수록 낭만적으로 채색되는 경향이 있다. 과거의 기억은 곧잘 낭만적인 환상으로 부활한다. 과거의 낭만적인 기억에 매달리는 사람들의 문제는 현재에 만족하지 못하고 미래를 불안하게 생각한다는 것이다.

인생의 마지막 의무는 아름다운 노년을 준비하는 것이다. 외로운 노년을 자식에게 기대려는 것은 더 이상 환영받지 못한다.

노년의 상실감을 품위와 의지로 견뎌내는 것이야말로 우리가 마지막으로 용감해질 수 있는 기회다. 세상에 실망할 수는 있지만 심각하게 살 필요는 없다. 온갖 부조리와 절망 속에서도 희망을 발견하고 사랑하며 살아가는 것, 어떤 상황에서도 웃을 수 있는 용기를 발휘하는 것이야말로 인간의 가장 위대한 능력이다.

시련에 대처하는 방식이 삶의 모습을 결정한다. 대부분의 상황을 자유의 지대로 선택할 수 있다. 시련에 대처하는 방식에 있어서도 마찬가지다. 시련을 대처하는 여러 방식 중에서 어떤 것을 선택하느냐에 따라 우리의 인생은 달라질 수밖에 없다.

용서는 다른 사람이 아니라 나 자신에게 주는 선물이다. 용서는 포기나 망각이 아니라 변화를 위한 적극적인 의지이다. 원망이나 복수심을 버리기 위해서는 그만큼 내면의 성숙이 필요하고 내면의 성숙은 그저 얻어지는 것이 아니다.

이 모두 나이가 들면서 깨닫는 진실들이기에 한번 되새겨 볼 여유가 필요하다.

위계질서(位階秩序)

  요즈음 회사의 분위가 묘하다.

  노동법에 출근 시간과 퇴근 시간이 정해져 주5일근무제 시간이 대세의 흐름인데 중소기업의 출퇴근 시간이란 오너의 판단에 따라 정해지기도 한다. 현실과 행동은 일치하지 못하는 그런 노동 실태다.

  아침 7시 30분에 출근, 퇴근은 오후 6시 30분 사규에 정해져 근로 계약서에 작성되어 시행하고 있다. 10시간 노동에 주 6일 60시간인 셈이다.

  그렇다고 누구 하나 이의를 제기하거나 그 흔한 노동관서에 신고하는 사람 하나 없다.

  과연 이게 옳은 회사의 위계인지 질서인지 알 수가 없다.

  회사란 사규에 따라 조직이 구성되고 위계질서(位階秩序)의 기본이 형성되어 움직여야 되는데 과연 이런 위계와 질서가 정립되어 가는 회사가 과연 몇 %나 되는지 의심스럽다.

  가족의 구성원인 가족 간에는 세대 차(世代 差)와 출생 선후차(先後差)에 의한 위계가 있다.

  아버지와 아들은 세대 차의 위계이고 형과 아우는 출생 선후차의 위계이다. 아버지 어머니와 같은 세대는 위 세대이고, 아들딸과 같은 세대는 아래 세대이며 형제자매(兄第姊妹)는 같은 세대이다. 위 세대는 아래 세대를 사랑하고 아래 세대는 위 세대를 효도로 모시는데 그것을 부자자효(父磁子孝)라 하여 형은 아우와 우애하고 아우는 형에게 공손하게 대하는데 그것을 형우제공(兄友第恭)이라 하였다.

이것이 기본으로 사회생활 즉 회사에서의 위계와 질서 가정과 같은 위계가 있다.

첫 번째는 나이가 많은 웃어른과 나이가 적은 아랫사람이고 두 번째는 지위가 높은 상급자와 지위가 낮은 하급자다.

그리고 나이가 같은 친구와 지위가 같은 동료가 있다. 웃어른은 공경하고 아랫사람을 사랑하는 것은 경장애유(敬長愛幼)라 하고, 상급자를 섬기고 하급자를 지휘하는 것은 사존사비(事尊使卑)라 한다.

조직 사회에서는 직급을 최우선으로 하고 일반 사회에서는 나이를 최우선으로 하고 있다.

오늘도 회사에서 나는 이런 기본적인 사실에 근거하여 회사의 조직을 재정비하려 한다. 이제 얼마 남지 않은 직장 생활에서 내가 할 일은 명확해진 것 같다.

노동법에 의한 주5일근무제 그리고 출퇴근 시간을 재정립해 주는 작은 소명을 마지막 직장의 위에 나열한 위계질서를 재정립시켜 주는 일을 내가 해야 하는 점을 깨달은 오늘이다.

벌초하던 날

  토요일 아침 남편 출근을 배웅해 주려니 생각지도 않지만 오히려 내가 "다녀올 테니 좀 더 자라"고 출근 보고를 한다. 일상인지라 이제는 이상한 일도 아니다.
  항시 금요일 오후 늦은 시각에 서울에서 출발하여 제천에 도착하면 오후 10시 20분, 새벽까지 밀린 내 일주일 치 세탁물에다 주방 거실 청소에 밤잠을 설치는 아내다. 나는 도와주지 못하고 언제나 토요일 아침이면 침대가 불편하다고 요 깔고 바닥에 이불 칭칭 감고 늦잠에 빠져 있다.
  혼자 일어나 출근 준비해서 나가는 나의 일상이라 그러려니 한다.

"오늘 일찍 와서 오후에 벌초 가자."
"벌초라니…."
  나는 생각지도 못했는데 날씨가 무더우니 오후에 가서 해 질 무렵 선선할 때 하고 일요일 편히 휴일을 보내란다. 맏며느리다운 발상인 듯 조금은 내가 미안한 마음이다.
"알았어. 일찍 올 테니 갈 수 있게 준비해라."
  출근하는 발길이 무겁다. 토요일 주5일근무제 근로기준법 준수이행을 요하는 정부시책을 위반하며 출근하는 나는 발걸음이 무겁다.

자기 권리도 찾지 못하는 전무란 직책의 내가 한심스럽지만 오너의 생각이 아직 건설 현장에서는 우선이니 직원들 대하기가 민망하다.

회사에서 결재 서류하며 몇 가지 정리하다 보니 벌써 점심시간이다. 직원들에게 집에 가서 식사하고 올 테니 식대는 직원들 간식비로 적립해 두라고 말했다.

모처럼 와이프와 오붓한 겸상이라니 남편 노릇 한번 제대로 하는 건가?

우리는 회사에서 점심 식사를 각자 나가서 하지만 간혹 식사를 하지 않을 시 식대는 경리부에서 모아 간식비로 대체하고 직원들과 오후의 무료함을 달래곤 한다.

구태여 회사에 헌납할 이유가 없다.

점심 식사 후 일찍 올 테니 바로 출발할 수 있게 준비하라고 일러두었다.

12시 30분 회사에 도착하여 대충 책상 정리를 한 후 시골에 벌초하러 간다고 관리이사에게 업무 지시하고 퇴근하는 내 발길이 무겁다. 항시 토요일 오후면 사무실에 내가 있을 테니 일찍 퇴근하라며 알량한 자비를 베풀던 내가 아니었던가? 내 개인 시간을 가지려니 미안한 마음이 들었다.

"당신 왜 이리 일찍 왔어?"

아내 역시 오후 3시나 되어야 오겠거니 했단다.

어쨌든 작년에 사서 한 번 써본 예초기며 이것저것 준비물을 챙겨 차에 싣고 옥천에 있는 고향으로 출발했다.

바깥 온도가 37도를 가리키던 강한 볕이 잿빛 하늘이다. 금방 소나기라도 쏟아질 것 같은 예감이다.

제천 박달재를 넘어 충주로 접어드니 장대비가 차창 유리창을 때리는 것이 이제까지 도로를 다니면서 경험해 본 빗줄기의 세례 중 가장 섬뜩한 느낌이다. 차를 갓길에 세우려니 세울 곳이 마땅하지 않다.

앞서가던 차량들이 비상 깜빡이를 켜고 갓길에 주차해 있다. 나는 그냥 서행으로 페달을 밟는데 신경이 곤두선다. 그런데 불과 몇 분 만에 언제 그랬느냐는 듯 뜨거운 햇볕이 쨍하게 내리꽂힌다.

지방도로에 접어들어 충주를 지나 괴산으로 향하며 미원을 거쳐 보은 국도를 경유해 선산 묘소에 도착하니 오후 4시가 되었다.

차에서 예초기를 등에 메고 풀숲을 헤쳐 할아버지 할머니 합장한 산소에 술 한 잔 올렸다.

해마다 벌초를 하는데도 봉분에는 잡초가 무성하게 자라 있었다.

그런데 예초기를 사서 한 번밖에 사용하지 않은 예초기인데 시동이 걸리지 않는다. 급한 마음에 면 소재지 농기계 수리센터를 찾으니 토요일 오후라 비도 오고 일찍 퇴근했단다. 별수 없이 낫 한 자루 사 가지고 수작업을 계획하고 산소로 오는 도중 마을 이장을 보고 있는 1년 후배를 찾았다. 내가 누구인지 알아보지 못하고 낯선 이의 방문에 유심히 쳐다본다.

"내식아, 나야. 뭘 그리 쳐다봐."

"누구시더라?"

"나야. 종길이."

"종길이? 정방리 조종길?"

"그래. 작년에 서울에서 창국이 아들 결혼식 때 봐놓고는…."

"신수가 좋은 걸 보니 돈 많이 벌었나 봐!"

"신수가 훤하긴."

"나이 들어서 그런지 눈도 침침하고 못 알아보겠어. 얼굴 좋아졌어."

시골에서 햇볕에 그을리며 농업을 천직으로 여기며 살아온 세월에 주름과 그을린 피부가 더없이 나이 들게 하는 모습이다.

나는 얼굴 좋아졌다는 말이 공치사는 아닌 듯해 기분이 좋다.

다행히 이 친구가 기술이 있어 예초기를 수리해 준 덕에 예초기를 둘러매고 산소로 향했는데 요사이 시골 풍경이 도시 못지않다.

집 안에 컴프레서며 공구수리센터 못지않게 다양하게 갖추고 사는 것이 아마 농사도 기계를 이용하여 짓다 보니 다양한 기술과 공기구가 필수인 듯하다.

산소에 도착해 예초기 시동을 거니 아주 성능 좋은 모터 소리가 경쾌하다.

예초기로 대책 없이 자란 잡초들을 향해 엔진 가속을 가해 제거해 가니 잘려나가는 잡초의 운명이 못내 아쉬운 듯 요동을 친다.

그러다 너무 과했는지 예초기의 시동이 꺼지려 한다. 그런데 중심이 잡히지 않는 것이 무엇인가 이상하다. 옆에서 낫으로 수작업을 하던 와이프가 시동을 끄라고 한다.

푸덕거리며 꺼질 듯 몸부림치는 예초기 시동을 끄고 보니 몸통을 지탱하고 있는 예초기 볼트에 너트가 빠져나가 몸체가 자유자재로 놀아 힘을 받지 못하니 작동이 중지될 수 나 보다.

시간은 6시로 접어들고 별 볼 일 없을 것으로 생각한 볼트 너트 두 개를 어디서 찾을 수도 없고 난감하다. 옆에서 와이프는 낫으로 깎자고 하니 앞이 캄캄하다.

작년 혼자서 이 넓은 산소를 벌초했는데 그 심정을 알겠느냐고 반문한다. 회사 일에 얽매어 함께하지 못한 미안함이 앞선다.

시간도 없고 봉분 쪽만 낫으로 정리하고 다음 주 토요일로 벌초 계획을 잡고 제천으로 향했다. 항시 사전에 기계는 점검을 해서 대비해야 한다는 교훈을 새삼 느낀다.

매년 반복되는 벌초 행사는 가족 행사라는 점을 간과하지 말자.

4부

나는 루저다

　아침 일찍 출근하니 사장실에서 호출이다.
　출근하여 사무실 문을 열어놓고 결재 서류에 결재하고 업무 일지에 하루의 중요사항을 메모하고 어디론가 행차하시는 사장이다. 사장실을 노크하고 들어가니 회사의 관리가 원만하지 못해 그 허점을 보완하는 차원에서 관리이사를 스카우트했다고 소개를 한다.
　시청에서 과장으로 정년퇴직했는데 모셔 왔다니 전무로 있는 나는 안중에도 없는지 관리 부재라니 기분이 찜찜하다.
　주식회사라는 명목 아래 모든 인사가 임원 회의를 거쳐 인사명령으로 하달되는 것이 정상이다. 허울 좋은 주식회사가 가족 관계로 주주가 형성되어 사장 단독으로 결정되는 시스템이니 개인 회사라는 것이 맞는 말이리라.
　그래도 지방 중소도시에서 연 매출 200억 원을 소화하는 회사 규모는 흔치 않은 일인데 규모에 비해 모두가 허술하기 짝이 없다.

　몇 주 전 연구소의 연구소장이라고 박사급 연구원을 소리 소문 없이 스카우트하여 인사시키더니 인재 스카우트에 재미 들렸나 생각하니 기분이 영 그렇다.

어쨌든 상무이사 관리부장 외 팀장들을 소집해 인사시키고 조용히 독대를 했다. 우선 입사를 축하한다고 말하고 우리 회사의 내부 조직에 대해서 설명을 했다.

이력서를 보니 농고를 나와 지방공무원 9급으로 시작 군청, 동장님을 거쳐 5급 시청 문화예술 과장을 끝으로 35년 공직생활을 마감한 인재인 셈이다.

화려한 철 밥통으로 안정되게 지냈지만 우리 회사는 여러 장단점이 있음을 주지시켰다. 올해 60세를 바라보고 있기에 우리보다는 푸른 청년 아닌가?

시청에서 대우받는 과장님이었지만 여기는 나 스스로 일을 찾아서 관리해야 하는 곳이다. 사장 대신 시청에도 다니면서 건설 및 민원 업무의 연관성으로 수하였든, 동료였든 지난날의 군림하던 시절은 접고 항상 고개 숙이고 들어가 고개 숙이고 나오는 새로운 마음가짐을 일깨워 주어야 할 책임이 우선한다.

일반 기업은 공무원 조직사회처럼 지시와 하달과 관리 감독하는 일사불란한 구성원 체계가 아닌 점을 주지시켜야 했다.

아침에 사장과 인사 자리에서처럼 여기는 구성원이 말처럼 관리 부재이고 수동적으로 움직이고 시키는 일이나 하는 무능한 사람들이 아니란 점도 인식시켜야 한다.

이 회사의 규모에서 최소한 15명 정도의 인력이 포진해 150명 조직을 이끌어 가야 한다. 현재의 10명 인원이 회사를 유지해 나가는 일인이역의 막중한 업무임을 일러주어야겠다. 우리 신입 이사님은 옛날에 다 거처 온 면장님 동장님 아닌가.

  그러나 여기는 회사란 걸 잊지 말라고, 알아야 면장도 하니 열심히 배우라고 일렀다.

  지난날 내가 일반 회사에서 상무로 퇴직하여 이 회사에 입사해 어설픈 세월을 보낼 때의 일이 주마등처럼 스쳐 간다.

  그래도 나는 기술자로서 이 업무를 시작했지만 이 사람은 관리 업무만 하는 위치에서 전문 회사의 높은 장벽을 어찌 헤쳐 나갈지 걱정도 된다. 낙하산의 비애가 어디 달콤하기만 할까?

  이제 입사 2주밖에 안 된 우리 연구소 박사학위 가진 연구소장님께서 근무 시간이 맞지 않아 사표를 쓰겠단다.

  오전 9시 출근, 오후 6시 퇴근에 주5일근무제를 들어달라는 조건을 걸었다. 이 사람 무슨 헛소리하나. 여기 있는 사람들 노동법 몰라서 가만히 있는 줄 아나. 그저 절이 싫으면 중이 떠나는 법이다.

  근무하려면 따르고 그렇지 않으면 좋은 직장 찾아가는 건 자유다.

  나는 저런 용기도 없으니 비참한 생각이 든다. 세상사에 떠밀려 물 흘러가는 대로 나도 흘러가야 하는 건지도 모른다.

  다시 덧없는 하루가 시작되고 당신은 루저(loser)에 불과하다고 누군가 내게 속삭이듯 환청이 들린다.

노년에 필요한 것

살면서 절실하게 필요한 게 무엇일까 생각해 봤다. 욕심 많고 게으른 내게는 셀 수 없을 만큼의 것들이 필요하니 일일이 손가락으로 꼽기도 힘든 일이다.

마누라 친구들이 모여서 하는 수다가 그럴싸하다. 나이 든 여자들에게 제일 필요한 것은 "돈과 친구와 딸"이라는 말을 하면서 수다가 한창이다.

나이가 들면 남편도 아들도 아니고 딸이라니 옆에서 듣고 있는 남편의 관점에서 고개가 갸우뚱한다.

예전의 부모가 그랬던 것처럼 모두의 어머니들은 아들과 딸을 티 나게 차별하였다. 딸들이 일주일을 울며 매달려도 되지 않던 것들을 아들은 퉁명스러운 말 한마디면 즉시 얻어낼 수가 있었다. 그렇게 귀하게 기른 아들이 필요한 것이 아니라 늙고 병들면 딸이 필요하다니 이 무슨 이기적인 계산이란 말인가.

작년 이맘때 돌아가신 장모님도 수년간 불편한 몸으로 장인어른의 수발을 들었다. 거동이 불편하시기에 주민자치센터 바우처 도우미의 오전 수발을 받으셨다. 여기에 한 달에 한 번 찾아주는 아들 내외의 방문은 큰 위안이 되었으리라.

그래도 근처에 사는 넷째 딸이 매일 찾아가 수발을 들었다. 나날이 힘이 빠지고 정신도 흐려져 매일 놀러 오던 친구들도 하나둘 주간 보호센터로 요양원으로 떠나고 만날 친구가 없으니 얼마나 외로우실까.

지나온 삶을 돌아보면 아이들을 키우는 동안 장모님 자신은 치장하거나 친구를 만나고 사귈 만한 시간도 여유도 갖지 못했다. 남편과 자식의 주변만 맴돌며 살다 보니 함께 늙어갈 친구들을 챙기지 못했던 세월이 안타까웠으리라.
30~40대에는 아이들의 교육 문제며 잡다한 가족 친지들과의 관계에 얽혀 경제적 시간적 여유가 부족하였다. 또한 살며 어려운 일이 닥쳐도 친구들과는 묘한 자존심에 얽혀 고민을 털어놓지 못하였으리라.
지천명의 나이쯤 되고 보니 그저 살림을 꾸려가는 일에서 한숨을 돌리게 되고 잃어버리고 살아온 자신의 이름을 되새겨 보게 되었으리라.

하나씩 아이들을 짝지어 분가시키고 나면 가슴에 밀려드는 헛헛한 바람을 혼자서 이겨내기란 쉬운 일이 아니리라. 추억을 공유하고 갱년기 우울증을 치유할 수 있는 유쾌한 수다쟁이 벗이 있다면 늙어가는 인생길이 한결 수월할지도 모른다. 그런데 만날 친구가 없다는 것은 얼마나 쓸쓸하고 숨 막히는 일일까.
노년이 되면 친구와 여행도 가고 맛집도 찾아다니며 즐길 수 있어야 한다.
그러니 돈이 필요하고 친구가 필요하고 엄마 속 알아주는 딸이 필요한 것은 자명한 일이다.

덕조(德鳥)

수꿩 한 마리가 한 영역을 지배한다. 일부다처인 셈이다. 영역 밖에 사는 남의 각시 꿩들을 넘보거나 추파를 던지는 법이 없다.

이렇게 남녀 유별하다 하여 시어(詩語)에서 꿩을 덕조(德鳥)라 곤잘 읊었던 것이다.

만약 바람기 있는 암컷이 옆 산의 수컷에 눈독을 들이는 일이 있으면 수놈끼리 피투성이의 결투를 벌인다고 한다.

어느 한쪽이 죽거나 두 마리 다 죽거나 하는 사생결단의 결과를 초래한다고 한다.

약세라 해서 도중에 도망치거나 하는 법이 없다는 것도 충격이다.

옛날 무신들이 머리에 꿩의 깃을 꽂고 다닌 이유는 바로 사생결단하는 수꿩의 용기를 숭상하고 본보기로 삼는 것이라는 기록이 있다고 한다. 또한 자신이 활동하고 지배하는 영역을 보호 사수하는 영역 감각이 대단한 속성도 무신이 꿩의 깃을 꽂고 다니게 한 이유이기도 하다.

옛 병법에 보면 수꿩이 지배하는 영역 그대로를 요새화하면 난공불락이라 하여 치성(雉城)을 쌓기도 했다고 한다.

꿩을 우리가 길조로 여기는 이유는 강인한 모성애 때문이기도 하다.

산불 속에서 제 새끼가 빠져나오지 못하고 있으면 그를 구하러 날아들어 타 죽는 일이 다반사다. 알을 품고 있는 중에 산불이 나면 타 죽을지언정 결코 날아가지 않는다는 것이다. 뿐만 아니라 은혜를 입으면 보은한다는 새로도 알려져 있다.

고사에 구렁이에게 감겨 죽어가고 있던 꿩을 살려준 한 서생에게 그 꿩이 죽음으로써 보은한 설화에서 치악산(稚岳山)이란 이름과 상원사(上院寺)가 연기(緣起)되고 있다.

그런 꿩을 가로세로 겨우 7~8m 남짓한 방에 가두어놓고 석궁을 쏘아 살생하는 가두리 꿩 사냥이 성행하고 있다.

장마가 지면 길에 나다니는 벌레를 밟더라도 죽이지 않게 하고자 오합해(五合鞋)라는 느슨하게 삼은 짚신을 신고 나들이했던 우리 선조들의 일면을 볼 수 있다. 피를 빠는 이를 잡더라도 죽이지 않고 보살통(普薩筒)이라는 대통에 담아 나뭇가지에 매어두었을 만큼 살생에서 초연한 조상들이었다.

그 후손들의 동물 학대가 이 지경에 이르고 보니 충격이 더 크다.

짐승을 가두어 놓고 쏘는 가두리 사냥을 한 사람은 아마도 우리 역사에서 연산군밖에 없다고 한다.

당시 사냥을 삼가길 상소하는 소문에 보면 "짐승은 가두어 놓고 쏘지 않으며 불을 지르거나 물을 등지게 하고서 몰지 않으며, 새끼와 더불어 있으면 쏘지 않으며, 쫓겨 가다가 지쳐 도망치기를 멎고 서 있으면 쏘지 않으며, 떼 지어 있으면 놀라게 하여 분산시킨 다음 한 마리만 쫓는 것이 엽도(獵道)"라고 했으니 너무나 인간적인 사냥 정신이 있음을 알 수 있다.

건강한 학교

누구나 건강하게 살아가길 소망한다. 남녀노소를 막론하고 건강을 지키는 일이 최대의 과제일 것이다.

지금껏 운동과는 담을 쌓고 있던 차에 지인의 권유를 받아 파크골프를 시작했다.

직장 생활을 하면서 주말이면 행사처럼 골프장으로 향했던 지난날이 아련한데 그놈의 골프채는 차에 실어놓고 6개월 치 연습장 티켓을 끊어 놓고 겨우 2번밖에 가지 못했다. 그린에 나간 게 10년 정도 됐나 보다.

자식 놈이 오래됐다고 골프채를 바꾸어 주며 건강을 위해 치라고 한다. 이제는 회사의 영업을 위해 혹사하는 접대골프는 그만하라고 신신당부를 하였건만 그마저 내 마음대로 하지 못했으니….

가끔 지나면서 대부분은 나이 지긋한 어르신들의 스포츠라 여기고 관심 없이 지나쳤었는데 이제 나 자신도 할아버지라고 불리는 나이가 되었다.

그렇게 시작된 파크골프에 재미가 들였다. 때는 한여름이라 이른 아침부터 서둘러도 구장에는 이미 많은 사람들로 붐빈다.

아직 파크골프는 초보인지라 모든 것이 새롭고 서툴렀다. 함께 발맞추어 가는 이들에게 미안한 마음에 긴장의 연속이다. 그래도 체면 무시하고 열심히 쫓아가면서 조금씩 늘어나는 기술에 힘든 줄을 모르겠다. 정말 시작하길 잘했다.

　사람들이 밀리는 코스에 다다라 순서를 기다리던 중 족히 팔십 중반은 돼 보이는 어르신들의 소리를 듣게 되었다.

　바로 여기가 건강한 학교라니 대부분 사람들은 이 운동을 한 지 오래된 것 같아서 공감이 갔다. 건강하기 위한 학교라는 이름을 덧붙이신 위트가 듣기 좋았다.

　다시 한번 그 어르신을 바라보았다. 약간은 구부정한 허리지만 표정에서 젊은 의지가 넘치는 것을 똑똑히 볼 수 있었다.

　따라서 나도 건강한 학교에 입문하게 된 셈이다.

　그동안은 시간이 없다는 구실로 행하지 못했던 점을 아쉬워한다. 마음만 먹으면 얼마든지 형편에 따라 자기에게 맞는 적당한 운동을 즐길 수 있다.

　갑자기 한여름의 더위도 이겨낼 것 같은 용기가 생겨나고 있다.

　시간을 아끼고 쪼개고 하는 동안 피곤한 몸은 언제였나 싶기까지 하니 절로 건강해지는 기분이 든다. 이렇게 즐거운 운동은 활력을 불어넣어 주는 일이다.

　학교라는 말이 오랫동안 뇌리에 박혀 있을 것 같다. 그리고 어깨를 스치듯 건너온 그 말에 또 다른 심오함이 밀려온다.

　학교라는 자체만으로도 우리는 무엇인가 습득하고 올바른 길로 간다는 것을 알고 살아가기 때문이다.

학교가 사회에 기여하는 면이 얼마나 다양한지 다시 돌아보게 되는 기회가 되었다고나 할까.

또 다른 바람이 있다면 누군가 말해준 건강한 학교가 운동을 하는 곳에만 있을 것이 아니고 사회 전반에 스며들기를 바라는 마음이 간절하다.

약한 자와 병든 자와 무너진 삶의 주인들이 찾아가 치유할 수 있는 건강한 학교가 많아졌으면 얼마나 좋을까?

나는 오늘도 학생의 본분으로 여러 형태의 건강한 학교를 두리번거린다.

넌 대단해

　세상에서 가장 멋진 신이 바로 '당신'이란다. 그런데 그보다 더 멋진 신이 바로 '자기 자신'이란다. 자신을 얕보거나 무시하면 안 된단다.
　여기서 제일 무서운 것이 '자기 자신'을 무시하는 열등감이란다. 열등감을 가지면 내 안의 위대함은 사라지게 된다고 한다.
　"그래 힘내자. 잘하고 있어. 넌 대단해."
　스스로 위안하는 용기를 북돋아 주는 지혜가 필요하다.
　오늘 하루도 분주하게 지나간다.
　이 겨울에 무슨 비가 장맛비처럼 내리는지 모처럼 현장 근무자들은 철수하여 여가를 즐긴다. 각자의 소중한 시간을 위해 취미대로 식성대로 어울려 막걸리 한잔 소주 한잔에 쌓인 피로를 풀어낸다. 내리는 빗줄기 속에 고단함을 흘려보내려는 듯 세상에서 가장 멋진 자기 자신을 찾는 시간인지도 모른다.

　어젯밤 술 한잔하면서 세상 흘러가는 정치 이야기로 갑론을박했으나 결론은 나지 않았다.
　이제 황혼을 바라보는 나이다. 얼굴은 살아온 이력서라는데 내 얼굴은 어떤 평가를 받을 수 있을지….
　아직도 세차게 쏟아지는 빗줄기가 요란하게 유리 창가에 부딪치며 흘러내린다.

새해 첫날에

 제천 지역 시인이며 향토 작가로 활동하는 조미경 사장이 운영하는 카페에 가서 라테 한 잔씩 하고 그가 쓴 시집 『화려한 유혹』 한 권을 사 가지고 오는 것으로 새해 첫날을 마무리했다.
 신년 새벽부터 "카톡 카톡" 하고 울리는 지인들의 새해 인사가 조금은 부담스럽기도 하다. 이런 신년 인사는 하루 전 평시간대에 다 보내는 것이 좋지 않을까 하는 생각이다.
 혼자서 저녁은 어떻게 해결할까?
 하루 이틀도 아닌데 새삼스러운 저녁 식사 걱정을 하는 내가 한심스럽다. 한 살 더해지는 노인네의 상투적인 투정이다.
 부모 밑에서 같이한 시간이 18년, 결혼 전까지 10여 년을 객지 생활했고 결혼 생활 42년에 함께 산 세월이 20여 년이다. 이제 이골이 났는데 뭐 하루쯤 쉬는 날에 저녁 식사 걱정을 하다니 우습다.

 새해 첫날이라고 와이프가 해외여행을 간다고 며칠 전부터 부산하다.
 소싯적부터 사귀어 온 오랜 친구들 7명의 우정이 돈독하다.
 매달 얼마씩 출현하여 지금까지 모아온 기금이 몇천은 되는지라 이 돈으로 해마다 해외여행을 떠난다. 올해도 예외 없이 해외로 떠났다. 한두 해도 아니고 별 감정도 없다. 연례행사인지라 그러려니 한다.

이곳 제천에 내려와 15평짜리 주공아파트에 혼자 생활한 지 9년째 접어들고 있다.

직장 생활을 하면서 서울 집과 포항 집, 시골(옥천)집을 관리하려니 분주한 나날들이다.

시골집은 본가라 부모님 돌아가신 후 집과 전답을 관리하려니 한 달에 한 번은 가야 되고, 포항 집엔 아들이 자리 잡고 있으니 손자 손녀 만나러 간다. 서울엔 마누라가 자리 잡고 있으니 매주 주말부부가 되어 살고 있다. 내가 시간의 여유가 없으니 언제부터인가 와이프가 매주 금요일에 내려와 일요일까지 내 살림을 해주고 간다.

15평짜리 좁아터진 공간에 대형 냉장고와 김치냉장고가 자리를 차지한다.

혼자 사는데 뭐 그리 먹는다고… 그런데 음식물 넣어둘 곳이 없다고 마누라는 냉장고를 하나 더 들여놓을 기세다.

일주일 먹을 반찬 하며 랩에 포장하여 차곡차곡 넣어두고 매일 하나씩 레인지에 데워 먹는다.

마누라가 금요일 날 서울에서 퇴근 후 제천에 내려오면 보통 밤 10시 정도 된다. 피곤하지도 않은지 밤새 세탁이며 청소를 한다. 잠도 없는 모양이다.

나는 그저 코골이 때문에 휴대용 산소 호흡기를 착용하고 밤 11시에 누우면 그저 이튿날 아침 모닝콜이 울릴 때까지 잠 속으로 빠져든다.

와이프는 내가 일어나는 시간에야 곤한 잠에 빠져 출근하는지도 모른다.

토요일 출근하고 나면 아내는 오후에 일어나 일주일 동안 먹을 음식 등을 장만하여 요일별로 먹을 수 있도록 냉장고에 차곡차곡 랩을 씌워 넣는다.

퇴근하고 오면 어쩌고저쩌고 설명하니 매일 저녁은 집에서 혼자서라도 해결해야 하는 의무감이 있다.

일요일은 내가 집에서 쉬니 와이프 개인 볼일로 오전을 보내고 오후에 내가 일어나면, 다시 서울을 향해 갈 준비를 한다.

신혼이란 감정이나 부부란 감정을 느껴볼 시간적 분위기 조성도 어렵다. 힘도 없고 난감하다.

이런 생활이 벌써 10년째다. 나는 돈 버는 기계로 전락한 지 오래된 반면, 와이프는 그저 하숙비에 월세 받아 가는 주인마님 겸 집주인이 된 셈이다.

하기야 직장 생활을 하는 나이기에 해외여행 가는 와이프와 동행도 못하고 그저 잘 다녀오라고 전화로 너스레를 떤다.

궁상떨지 말고 마음껏 쓰고 오라고… 사고 싶은 것 다 사라고… 내가 돈 벌어놓은 것 당신이라도 실컷 쓰고 오라고….

와이프 왈… 그렇게 쓸 돈이 어디 있느냐고 핀잔을 한다.

참내… 그래도 이만한 남편 어디 있으면 나와 보라고 해….

불완전한 사랑

가족을 잃은 여자와 가족이 없어 외로운 남자가 만나 사랑을 한다. 말로는 다 못 하는 감정을 눈물이 그렁그렁한 눈으로 전할 때 노래가 흐른다. 이쯤에서 시청자를 슬픈 감정에 취하게 만들겠다는 연출가의 계산된 속내를 뻔히 알면서도 우리는 훌쩍거린다.

드라마 속 여자는 불면증으로 잠들지 못한다. 무의식이 잠을 밀어낸다. 아이를 잃은 여자는 슬픔이 분노로 바뀌며 자신을 마구 학대한다. 여자에게는 힘들 때 기댈 가족이 없다.

소중한 것이 아무것도 없던 그 여자가 한 남자를 사랑한다.

췌장암을 앓고 있어 한 달 정도밖에 못 산다는 남자였다. 이 남자는 여자를 사랑하지만 여자가 자신을 사랑하지 않기를 바란다. 자신이 사라지고 난 후 힘들어할 여자를 생각하며 시작되는 사랑 앞에서 멈칫거린다. 하지만 마음대로 멈출 수 있는 감정이라면 그건 사랑이 아닌 것이다.

몰입이 과했는지 갈증이 인다. 와이프가 잠들어 있기에 조심스레 거실로 나와 냉장고 속 시원한 물 한 잔을 컵에 따라 마셔본다. 그리고 식탁 위에 가지런하게 놓여 있는 견과류를 이것저것 골라본다. 캐러멜과 견과류의 향이 풍기는 듯하다.

며칠 전 와이프가 땅콩 껍질을 열심히 다듬더니 나의 간식거리로 가지런하게 놓아둔 모양이다. 삶지 않은 땅콩 특유의 비릿하면서도 구수한 향이 입 안에서 퍼지고 있다.

평소에는 구별조차 어렵던 향기가 한껏 깨어 있는 감수성 탓인지 예민하게 느껴진다. 조금 전 본 드라마 속 아이의 죽음과 무관하지 않다는 죄책감에서 얽혀 시작된 관계다. 자신도 모르게 젖어 드는 사랑이라는 감정 앞에서 조금만 더 살고 싶다고 독백하는 드라마 속 그 남자의 사랑을 생각한다.

사랑의 삼각형 이론이라는 게 있다. 삼각형을 이루는 친밀감, 열정, 헌신의 균형으로 사랑의 형태를 설명한다. 이 세 가지 요소가 적당히 균형을 이룰 때 성숙한 사랑이 된다고 한다. 친밀감만 있는 경우는 사랑이라기보다 좋아함이라 말하며, 열정만 있는 경우를 도취적인 사랑이라 한다. 그리고 헌신의 요소만 있는 경우에는 공허한 사랑이 된다.

남자는 헌신으로 사랑을 완성하려 한다. 물론, 헌신은 마음먹는다고 쉽게 할 수 있는 게 아니다. 헌신적인 사랑은 사랑의 맨 꼭대기에 자리 잡고 있다. 하지만 남녀의 사랑에 헌신만 있는 사랑은 허무하다.

친밀함과 열정과 헌신을 균형 있게 갖춘 사랑도 시간이 지나면 대부분 빛깔을 잃기 마련이다. 한쪽의 헌신만 가지고는 온전한 사랑이 되기 어렵다. 시작부터 불안정한 사랑은 얼마나 불안한가?

이들의 사랑이 힘들어 보이는 건 각자 자신이 원하는 방식을 상대에게 요구하기 때문이다. 이기적인 사랑은 상대방의 희생 위에서나 가능하다.

거칠게 갈린 원두를 종이 필터에 담아 뜨거운 물을 부으면 향이 먼저 피어올라 창밖으로 날아간다. 그 후에나 커피의 맛을 혀끝에서 음미할 수 있다. 커피 알갱이가 가진 향기와 맛과 색깔을 더운물에 녹여 커피 음료가 되는 것과 별반 다르지 않다.

 뜨거운 커피를 가만히 입술로 혀끝으로 돌돌 머금어 목으로 넘기는 감촉은 부드럽고 달콤하다.

 '키스 먼저 할까요?'라는 꽤나 도발적인 제목을 달고 있는 이 드라마 속의 몸이 아픈 남자와 아픈 여자의 고단한 사랑에 응원을 보낸다.

 췌장암 4기 판정을 받고 항암 중에 있는 이제 겨우 60을 한 살 넘긴 남동생의 처지가 비유되어 울컥 감정이 북받친다. 모든 희망의 끈을 놓은 채 병실에서 하루하루를 간신히 지탱하고 있는 동생에게 내가 해줄 게 없어 막막하다.

분노에 관하여

　어떤 교양 있고 예의 바른 30대 주부는 남편이 바람을 피웠는데 오히려 당당하게 무표정을 지었다는 이야기다. 억울하고 분했지만 남편하고 싸울 용기가 나지 않아 그냥 예전처럼 주부와 아내 역할을 다했다고 한다.
　가정의 평온은 찾았지만, 마음은 착잡했고 잠도 잘 자지 못했으며 식욕마저 사라졌다.
　그러던 중 남편이 여인과 전화하는 걸 듣고 도저히 참지 못하고 부부 싸움을 하기에 이르렀다. 그녀는 응어리진 분노를 거침없이 쏟아버리고 말았다. 그랬더니 신기하게도 마음의 답답함이 사라지는 것을 느꼈다. 마음이 편하니 숙면도 취할 수 있었다고 토로한다.
　그러나 현실은 바람난 남편을 용서하기란 쉽지 않다.
　풀지 못한 분노는 속으로 쌓이고 짜증이 난다. 혈압도 오르고 소화기능에 이상이 생기기도 한다.
　분노와 수명에 관한 논문에 의하면 의대생 255명을 대상으로 분노 점수가 높은 의대생과 낮은 의대생을 그룹으로 나누어 25년이 지난 후 의사가 된 이들의 사망률을 조사했다.
　그런데 놀랍게도 분노 점수가 높았던 의대생들이 7배나 사망률이 높았다는 것이다. 달스트롬 교수는 다시 법대생 118명을 대상으로 같은 조사를 한 결과 재학생 때 분노 수치가 높았던 변호사들은 20%가 50세 이전에 사망했다. 그러나 분노가 낮았던 변호사들은 4%만 사망했다고 한다.

분노 지수가 높은 사람들이 사망률도 높다는 것을 보여주었다. 마음속에 분노를 쌓아두면 수명을 단축하는 요인이 된다.

어떻게 하면 분노를 긍정적으로 처리할 수 있을까? 우선 자신이 화가 났다는 사실을 인정하는 것이다.

분노 자체가 죄악은 아니다. 누구나 화가 치밀어 오르는 경험을 하며 살아간다. 사람에 따라 그 분노를 표출하는 방법이 다르다. 문제는 화를 참고 누적시키며 차곡차곡 쌓아가다 보면 한계점에 이르게 된다. 쌓인 용량만큼 폭발력도 강하기 마련이다. 이성을 잃고 흉악한 범죄를 저지르는 지경에 이르기도 한다.

화는 참지 말고 그때그때 조곤조곤 대화로 풀어가는 방법을 익히는 것이 좋다. 이때 자신의 분노와 그 동기를 정확히 전달해야 한다.

상대방을 공격하기보다는 자신이 왜 화가 나는지를 정확하게 표현하는 것이 좋다. 이것을 의사소통의 기술 중 '자기 느낌 보고(I-message)'라고 한다.

예컨대 바람피운 남편의 행동을 보았을 때 "당신이 나를 무시했어. 당신과 그 여자를 가만두지 않겠어(you-message)"라고 말하는 대신 "당신이 그런 식으로 행동하니까 나는 자존심도 상하고 견딜 수 없어 화가 나요. 나는 잠도 못 자고 식사도 못 하고 있어요(I-message)" 하는 식으로 자신의 감정을 표현하는 것이다.

상대방의 분노가 어디에서 시작되었는지 동기를 파악하려고 노력해야 한다. 상대방의 분노가 때로는 나 때문이 아니고 상대방 자신의 문제 때문일 경우가 많다. 자기 부인에 대한 분노가 방향을 잘못 잡아 나를 향하는 경우가 있을 수도 있다.

미국의 정신과 의사 브라이언 버드에게 한 부인 환자가 이유 모르게 몹시 화를 냈다. 그때 버드 박사는 보청기를 끼고 있었다. 알고 보니 이 부인의 동생 중에 귀머거리가 있었다. 어릴 때 이 동생과 사이가 몹시 나빴다.

보청기를 낀 버드 박사에게 화를 낸 것은 사실 부인의 남동생이 연상되어 화를 냈던 것이다. 어떤 대상에 대한 우리의 분노가 사실은 그 사람 때문이 아닐 경우도 있다는 것이다.

과거의 어떤 사람에 대한 분노가 현재의 대상을 향해서 튀어나오고 있는 것이다. 이 현상을 '전치(displacement)'라고 한다.

이 동기와 처리 방법을 분석하고 적어보는 것도 좋다. 분노는 대상을 정확하게 찾아서 직접 해결하는 것이 가장 효과적이다. 간접적 행동은 문제를 오히려 복잡하게 한다.

찌르레기는 적과 직면했을 때 투쟁하는 대신에 자기의 깃털을 부리로 더듬고 있다. 딴짓을 하므로 공격성을 회피하는 것이다. 이것을 '전위행동(戰位行動)'이라 한다.

인간에 있어서도 화가 난 사람이 상대방 앞에서 딴전을 피우는 경우가 있다. 예를 들면 사랑하는 척한다든지 하는 행동이다.

그러나 솔직하고 이성적인 태도로 직접 접근을 하는 것이 효과적이다. 나를 화나게 하는 사람의 입장에서 생각해 보는 것도 분노 처리에 좋다.

친구에게 폭행당한 아이를 대상으로 흥미로운 실험을 했다. 첫째는 억울하게 맞은 아이에게 몽둥이를 주고 분노를 발산하게 했다. 도움이 되지 않았고 오히려 더 분노했다.

둘째는 선생님이 아이의 이야기를 들어주고 아이가 자기감정을 잘 표현하게 해주었다. 일종의 상담이었다. 이 경우는 분노가 많이 가라앉았다.

셋째는 아이에게 자기를 폭행한 아이의 형편을 설명해 주었다. "그 애는 부모가 이혼했고 엄마는 그 애를 버렸단다. 아빠와 사는데 새엄마가 그 애를 미워하고 먹을 것도 주지 않는단다. 그 애는 너무 속상해서 쌓인 화가 폭발했던 거야."

세 번째 실험한 아이의 분노가 가장 효과적으로 가라앉았다. "그 애가 나를 괴롭히기 위해서 그런 짓을 한 것이 아니었어. 그 애 입장에서 그럴 수밖에 없었던 거야" 하면 용서가 된다.

예컨대 얌체같이 급히 끼어들기를 하는 차가 있을 때 화가 부글부글 올라온다. 그럴 때 "화장실이 급한가 봐"라고 생각하면 분노가 가라앉기도 한다. 인간이 모든 분노를 성공적으로 처리한다는 것은 불가능에 가깝다.

분노는 강력한 본능적 동기를 갖고 있다. 분노를 느끼고 처리하는 성격적 패턴이 사람마다 이미 정해져 있다. 그래서 분노 처리는 어렵다.

한 인간이 본능적 욕구와 자신의 성격 결함을 극복한다는 것은 마치 우주가 변하는 것과 같다.

그래도 우리는 분노를 풀면서 살아야 한다. 그래야 건강하게 장수할 수 있다.

이별이 하도 서러워

매화를 노래한 수많은 조선의 선비들 중에 퇴계 이황(李滉)만큼 매화 사랑이 각별했던 이도 드물다. 매화에 대한 시 91수를 『매화시첩』으로 엮을 정도로 매화 사랑이 각별했다.

이렇게 놀랄 만큼 큰 집념으로 매화를 사랑한 데는 이유가 있었다. 바로 단양 군수 시절에 만났던 관기(官妓) 두향 때문이었다.

퇴계 선생이 단양 군수로 부임한 것은 48세 때였다. 그리고 두향의 나이는 18세였다.

두향은 첫눈에 퇴계 선생에게 반했지만 처신이 풀 먹인 안동포처럼 빳빳했던 퇴계 선생이었던지라 한동안은 두향의 애간장을 녹였다.

그러나 당시 부인과 아들을 잇달아 잃었던 퇴계 선생은 빈 가슴에 한 떨기 설중매(雪中梅) 같았던 두향을 받아들이지 않을 수 없었다. 두향은 시(詩)와 서(書)와 가야금에 능했고 특히 매화를 좋아했다.

두 사람의 깊은 사랑은 그러나 겨우 9개월 만에 끝나게 되었다. 퇴계 선생이 경상도 군수로 옮겨가야 했기 때문이다. 두향으로서는 하늘이 무너지는 듯한 변고였다.

짧은 인연 뒤에 다가온 갑작스러운 이별은 두향에겐 견딜 수 없는 충격이었다. 이별을 앞둔 마지막 날 밤, 밤은 깊었으나 두 사람은 말이 없었다. 퇴계가 무겁게 입을 열었다.

"내일이면 떠난다. 기약이 없으니 두려울 뿐이다."

두향이가 말없이 먹을 갈고 붓을 들었다. 그러고는 시 한 수를 썼다.

이 밤 달 기울면
떠나는 임 어이할까
새 봄날 꽃 피면
다시 날 찾으실까

이 밤의 이별은 결국 긴 이별로 이어졌다.

두 사람은 1570년 퇴계 선생이 70세의 일기로 세상을 떠날 때까지 21년 동안 한 번도 만나지 않았다.

퇴계 선생이 단양을 떠날 때 그의 짐 속엔 두향이가 준 수석 두 개와 매화 화분 하나가 있었다. 이때부터 퇴계 선생은 평생을 이 매화를 가까이 두고 사랑을 쏟았다.

퇴계 선생은 두향을 가까이하지 않았지만 매화를 두향 보듯 애지중지 했다. 선생이 나이가 들어 모습이 초췌해지자 매화에게 그 모습을 보일 수 없다면서 매화 화분을 다른 방으로 옮기라고 했다.

퇴계 선생을 떠나보낸 뒤 두향은 간곡한 청으로 관기라는 신분에서 빠져나와 퇴계 선생과 자주 갔던 남한강가에 움막을 치고 평생 선생을 그리며 살았다.

퇴계 선생은 그 뒤 부제학, 공조판서, 예조판서 등을 역임했고 말년엔 안동에 은거했다.

그리고 세상을 떠날 때 퇴계 선생의 마지막 한마디는 이것이었다.
"매화에 물을 주어라."
선생의 가슴에도 두향이가 가득했다는 증거였다.
퇴계 선생의 부음을 들은 두향은 4일간을 걸어서 안동을 찾았다. 한 사람이 죽어서 두 사람은 만날 수 있었다.
다시 단양으로 돌아온 두향은 결국 남한강에 몸을 던져 생을 마감했다. 두향의 사랑은 한 사람을 향한 지극히 절박하고 준엄한 사랑이었다. 그때 두향이가 퇴계 선생에게 주었던 매화는 대를 이어 지금 안동의 도산서원 입구에 해마다 그대로 피고 있다.
오늘날 사용하는 1,000원권 지폐에도 퇴계의 얼굴과 함께 서원의 상징으로 영원히 숨 쉬고 있는 것이다.

도둑들

고서에 보면 조선의 왕들은 여러 명의 후궁과 궁녀를 두어 많은 자식을 생산하였다. 태종은 29명의 자녀를 두었고, 세종은 22명의 자녀를 두었다고 기록되어 있다.

조선 중기쯤 하루는 왕이 이조판서를 불렀다.
"요즘 왜 그런지 몸이 나른하고 기력이 없어 궁녀의 처소를 찾기가 무섭나니…."
"이조판서 아뢰옵니다. 해구신(海狗腎) 물개 거시기의 효험이 최고라 하니 곧 구해 올리겠나이다."
이조판서는 즉시 강원 목사에게 급히 파발을 띄웠다.
"임금님이 기력이 쇠하시니 해구신 2개를 구해서 한 달 이내로 보내라!"
이 전갈을 받은 강원 목사 머리에 불이 번쩍 나 양양군수에게 알렸다.
"임금님이 기력이 쇠하시니 해구신 3개를 구해서 20일 이내로 보내라!"
이 전갈을 받은 양양군수 몸이 달아서 속초 현감에게
"임금님의 기력이 쇠하시니 해구신 4개를 구해서 15일 이내로 보내라!"
이 전갈을 받은 속초 현감 엉덩이에 불이 붙어 물개 잡는 어부를 불러
"임금님이 기력이 쇠하시니 물개를 잡아서 해구신 5개를 10일 이내

가져오지 못하면 죽음을 면치 못하리라!"

그때는 속초항이 자주 얼었다는데, 언 바다에서 물개를 잡아 해구신을 바치라니 난감하다.

바다에 나가본 어부는 머리를 싸매고 누워 일어나지도 못하고 끙끙대고 있는데, 문병 온 한 친구가 귓속말로 몇 마디 일러주니 그 어부는 얼굴에 금방 화색이 돌더니 일어나 실행에 옮겼다.

어부는 해구신 5개를 구하여 하나는 금박지에 정성스레 싸고 나머지는 4개는 은박지에 싸 속초 현감에게 올리면서 "바다가 얼어붙어 해구신은 한 마리밖에 잡지 못하고 나머지 4개는 개 × 입니다."

속초 현감은 어부에게 후사하고 금박과 은박에 싼 것들을 풀어서 비교해 보니 전혀 다를 바 없어 진짜라는 금박에 싼 것은 자신이 먹고 나머지 중 1개는 다시 금박으로 싸고, 3개는 은박으로 싸서 양양군수에게 보냈다.

양양군수 또한 금박에 싼 것은 자기가 먹고 은박으로 싸서 강원 목사에게 보냈다. 강원 목사 또한 1개를 금박으로 옮겨 싸서 은박 1개와 함께 이조 판서에게 보냈다. 이조판서도 똑같은 방법으로 금박은 자기가 먹고 나머지를 금박에 옮겨 싸 임금님께 바쳤는데, 예로부터 병은 마음에 달린 거라고 정력 또한 마음먹기에 따라 기분에 의한 것이기에 다행히 임금은 회춘이 되었다.

한날 임금이 이조판서를 불러 "수고했소. 이판이 준 약으로 회춘이 됐으니 추운 날 고생한 어부를 대궐로 들라 하오."

이에 어부가 며칠을 걸어 대궐에 도착하여 임금에게 치하받고 하사품을 잔뜩 받아 대궐을 벗어나 며칠 후 대관령 고개에 오르더니 대궐을 향해 고함을 질렀다.

"개 X도 모르는 놈들이 정치를 하고 자빠졌냐! 에이 퉤퉤…."

600년이 지난 요즈음 북악산 아래 푸른 기와집에서 일어나는 일들이 수상하다. 자원이 없고 원전기술이 없는 나라에서 열심히 일하면 죄가 된다고 한다. 자원이 없는 나라에서 두뇌로 만든 에너지인 원전(原電)은 악(惡)이라며 폐지한다고 하고 검찰은 죄(罪)를 찾는 것이 아니라 죄를 만든다.

국방부는 군사력(軍事力)이 아니라 대화(對話)로 나라를 지킨다고 한다.

글로벌 시장에서 아무것도 할 수 없으니 하릴없이 50년 전, 100년 전 일이나 들추어내어 낄낄거리는 것이리라.

누레오치바

시류에 회자되는 은유나 농담에는 그 시대의 사회상이나 문화가 배어 있다고 한다. 3大 불가사의가 있다.

첫째는 퇴직하고 집에 돌아와 3식을 하는 남편을 예쁘게 봐주기이다.

둘째는 결혼한 아들을 내 아들로 만들기이다.

셋째는 고인이 되었지만 앙드레 김에게 색깔 있는 옷을 입히기라고 한다.

모두가 실행하기에는 어려운 것이다. 남편이란 존재는 무엇이냐고 여인들에게 물어보면 무엇이라 답할까?

흔히들 그 시대의 사회상이나 문화의 시류에 따라 회자되는 은유나 농담처럼 남편이란 존재는 집에 두고 나오면 근심덩어리요, 밖에 데리고 나오면 짐 덩어리며 집에 두고 나오면 걱정덩어리에 함께 있으면 원수 덩어리라고 한다나….

이웃 일본에서도 나이 들은 남편을 '누레오치바(젖은 낙엽)'라고 한단다.

아내 옆에 들러붙어 떨어질 줄을 모르고 손톱으로 긁어 떼야만 떨어진다고 해서 붙인 말이란다. 쓰레기통에 버릴 수도 없는 덩치 큰 폐기물 취급을 한다니 웃기면서도 슬픈 일이다. 과연 큰소리치며 살다가 힘 빠진 남편들을 떠올리며 입가심으로 내뱉어 보는 아내들의 우스갯소리라고 가볍게 넘길 수 있을까.

　마초이즘에 상처받은 여인들의 불타오르는 복수 심리일지도 모르겠다. 마초들은 별 보고 새벽에 나와서 밤늦게 돌아올 때까지 오직 가정을 위해 평생 일했음에도 정년을 맞아 일터에서 집으로 돌아오면 찬밥 신세로 전락하고 만다.

　편히 쉬어야 할 은퇴가 남자들에게는 재앙이고 여자들에게는 해방이고 자유라고도 한다니 무섭다.

　부부 사이가 냉랭했거나 순탄치 못할수록 아내의 눈치를 보는 강도가 다르다.

　기죽고 풀 죽어 처량하게 살아야 하는 참 서글픈 세상이다.

　대다수 사람들은 은퇴와 더불어 여행이나 여가를 즐기며 여생을 즐기며 보람을 찾는데 설마 다 그럴까 했다가 큰코다치는 건 아닐까. 다들 나는 아니라고 피해 가고 싶은 눈치지만 아내 받들기를 몸종이 왕비 모시듯 해야겠다.

흰머리 감추기

엊그제는 술친구가 만만치 않아 퇴근 시간을 앞두고 항시 어울리는 주당들을 호출했다.

술 한잔 생각이 간절한 마당에 호출한 친구들과 몇 잔의 소맥에 취하고 만다. 주위의 가족끼리 즐기는 외식문화가 조금은 부럽기도 하다. 아파트 밀집 지역이라 그런지 꽤 많은 외식 팀이 주위를 시끄럽게 하기도 한다.

이날은 이렇게 술 한잔으로 위로받고, 어제는 각부 서장들이 술 한잔 하자고 부추겼다.

현장 파견 업무로 근 한 달을 출장 다니다 보니 모두들 얼굴 보기가 어려웠다. 그나마 조촐하게 끼리끼리 어울리던 횟수도 줄어들고 모처럼 사무실에 정착했으니 한잔하잖다.

그런데 오늘 와이프가 서울에서 오는 날이라 픽업하러 가야 하니 조금은 걱정이 앞선다. 나중에 상황에 따라 대처하기로 하고 단골식당으로 모이라고 했다. 젊은 친구들은 다 약속이 있다고 발을 뺀다.

태양광을 담당하는 올해 63세 백 전무, 내선 담당하는 올해 64세 정 부장, 철도시설 담당하는 58세 안 상무, 관리 업무 담당 팀장 53세 윤 부장 등등 오랜만에 다 모였다.

돼지곱창 7인분에 소주 맥주 혼합이다.

가는 날이 장날이라고 귀화한 중국 식당이다 보니 그러잖아도 중국 사람들 톤이 높아 시끄러운데 중국에서 시집온 여인네들 망년 모임이라니 소음이 대단하다.

술잔을 부딪치는데 무슨 말이 필요하랴만 많이들 먹는다.

소맥 일곱 잔이 주량인 나도 거의 취기에 가까워 온 느낌이다. 모두들 나에게 이목이 집중된다.

어디서 무슨 소릴 들었는지 아침 6시 기상하여 세수하고 출근하는 데 한 시간이나 걸려 관리하니 피부가 주름 하나 없이 팽팽하다고 한다.

이제는 자주 듣는 칭찬인지는 몰라도 만성이 되어버린 느낌이다. 하기야 여름 볕에 가을 햇살에 외부에 나와 감독하는 처지에 그을리지 않는 피부는 어쩜 타고난 부모의 유전자를 받았기 때문이리라. 어쩌면 그만큼 가꾸어 온 나의 부지런함도 한몫했을 것이다.

얼마 전에는 우리 카페 친구들 만남의 자리에서 내 머리 염색을 했네, 안 했네, 별것을 가지고 의견 대립을 한다.

아직까지는 이 나이에 염색 한 번 하지 않았다는 게 진실이다. 조금씩 흰 머리가 옆으로 삐져나오고 속머리가 빠지는 탈모 증세라 그곳에 일회성 새치 감춤 액체를 뿌려 감쪽같다는 게 비밀이라면 비밀인 셈이다.

이제 다음번 모임에는 나도 흰머리를 감추기 위해서라도 염색을 한번 하고 가야겠다.

젊고 주름살 없는 피부라고 칭찬 아닌 부러움을 표하는 주위의 시선이 싫지는 않다. 역시 피부는 부지런하게 씻고 바르고 마사지하면, 투자한

만큼의 결실이 있음을 경험하고 있다.

벌써 두 시간이 지나 9시 30분이다.

10시에 고속터미널로 나와 달라는 와이프의 문자가 도착했다. 판이 깨질세라 조용히 일어나 계산을 하고 나왔는데 조금은 과한 지출인 듯싶다.

거금 20만 원이 넘는다. 내 개인 카드를 쓰려다 법인 카드로 대체했다. 와이프가 가족 카드를 써야 포인트며 혜택을 받는다고 발급해 준 와이프 명의 롯데카드니 사용하면 금방 전화가 확인하듯 걸려온다.

"이 양반 정신 나갔어. 또 누구하고 술 푸는 거야. 한번 얻어먹어 봐라. 매일 사 주지만 말고…."

아마 무의식중에서도 한 번 더 생각하게 하는 조심성인가 보다. 어쨌든 법인 카드란 이럴 때 쓰라고 지급해 준 것 아닌가.

내 직장 휘하 직원들을 위해 한 번쯤 긁어보는 것도 그리 나쁘지는 않다.

30분이 지났을까, 와이프가 걸어오는 폼이 엉거주춤하다. 차에서 내려 운전 좀 하라고 하니 감기가 심한지 잠긴 목소리로 음주 운전을 했다고 잔소리다.

오늘 점심은 제천의 '맛집' 만선에서 복맑은탕으로 해장을 해야겠다.

장인어른

처가는 2남 4녀의 대가족이다. 장녀인 처형의 나이가 69세이며 막내 처제의 나이는 51세다.

처가나 친가나 집안의 내력이 흡사하다.

외아들인 우리 장인어른께서 참 외로웠던 모양이다. 연속 딸만 낳으시다 그저 아들 하나 보려고 기대하니 또 딸인데 드디어 네 번째는 득남을 하셨다.

그런데 아들 하나로는 아쉬웠던지 다섯 번째 또 아들을 보셨다.

사십 중반 장모님 연세 마흔에 늦둥이 막내 처제가 태어났다. 큰딸(처형)이 결혼하여 자식을 낳으니 막내 처제와 다섯 살 차이가 난다.

장인어른의 자식 욕심으로 이렇게 많은 식솔을 거느리느라 그 힘듦은 오죽하셨을까.

올해 장인어른 연세가 96세에 장모님 연세가 90세시다.

장인어른 형제는 누님 세 분에 장인어른이 막내로 외동아들의 특권을 한껏 누리면서 어린 시절을 보내셨다. 누님들 밑에서 곱게 자라 27살 나이에 21살 철없는 장모님을 중매로 만나 가정을 이루었으니 그 시절엔 늦은 결혼이었던 모양이다.

부모님께 물려받은 가산을 상술로 많이 불리기도 하셨으나 소싯적 노름에 중독되셨다고 한다. 결국 고향을 등지고 석탄 산업이 발달하여 전국에서 가장 돈이 흔하다던 태백시 황지에 제2의 터를 마련했다.

장모님께서 어린 처형과 집사람을 걸리고 셋째 처제를 업고 장인어른을 찾아오니 아직도 노름에 빠져 계시더란다.

그래도 딸린 자식들 앞세워 강원도 태백까지 포항에서 울진 삼척을 거쳐 족히 4시간은 차에 몸을 실어야 했던 시절의 이야기였다.

그래도 단칸방이나마 장만해 놓고 처자식들을 맞이하였으니 다행이라면 다행이다. 모아두었던 장사 밑천 노름으로 탕진하고 결국엔 강원도 탄광 막장에서 하루 8시간씩 생명을 담보로 피눈물 나는 노동을 했다.

1m 80cm 장신인 거구로 병원 신세 한 번 안 지시고 오늘날까지 건강하게 살고 계신다.

큰딸은 태백 황지에서 중학교를 졸업하고 서울로 유학을 떠났다.

서울에서 자리 잡은 처형은 하나둘 동생들을 서울로 불러올려 학교를 보내는 등 제자리를 찾도록 헌신과 노력을 아끼지 않았다.

그래도 가부장적이고 고지식한 장인은 늦게나마 도박에서 손을 털고 열심히 일한 덕에 두 처남들 대학을 졸업시키는 등 부모로서 할 도리를 다하셨다.

집을 사서 넓게 증축하여 명절 때는 한 가족이 다 모여 마음껏 즐길 수 있게 하시는 등 부족함 없는 생활 터전을 마련하시고 정년퇴직까지 사고 없이 지내셨다.

첫째가 결혼을 하고 둘째 셋째 다 출가하여 가정을 꾸렸다.

그 후 태백에서 셋째 사위에게 집을 물려주고 고향인 포항에 조그마한 텃밭을 사서 농사를 지으셨다.

송아지 몇 마리를 키우며 매년 늘어나는 재산 증식에 힘든 줄 모르셨다.

소 한 마리 팔아 둘째 자식 학비 대주며 남의 논 빌려 반타작씩 경작하는 등 자식들에게 매년 고춧가루며 참기름에 쌀 한 가마니씩 보내주신다.

시골에서 흔한 민들레 뿌리를 캐서 건강원에 보내 즙을 내어 사위들에게 보내주시며 하루도 쉬는 날이 없으셨다.

그런 빈틈없는 장인어른도 이제는 100세를 바라보니 세월의 무상함은 어쩔 수 없나 보다. 그런데 몇 년 전부터 시골에서 전동차를 한 대 사 매일 출근하는 곳이 한 곳 있었으니 요즘 유행하는 실버 찻집이다.

하루는 와이프와 포항에 사는 넷째 처제와 처가를 찾았는데 인기척이 없다. 혹시나 해서 경로당을 찾아가니 장모님만 계시는데 장모님 하시는 말씀이

"너희 아버지 장터에 있는 꽃다방에 계신다. 동네 영감들 모여 그곳에서 종일 산다."

넋두리 아닌 질투를 하시는 듯하다. 우리는 장모님을 모시고 꽃다방을 찾아가니 담배 연기가 자욱하다.

꽃다방 주차장에는 전동차들이 즐비하다. 장모님은 차에서 내리시더니 다짜고짜 꽃다방 문을 열고 들어가셨다.

"희대 아버지 어디 있는가? 서울 조 서방 왔니더. 나와보이소!"

잠시 후 키 큰 장인어른이 가냘픈 몸매로 중절모를 쓰고 나오시는데 왜 그리 뭉클하던지….

"조 서방이 어쩐 일이고. 바쁜 사람이 시간이 있던 모양이지?"

"안녕하세요? 왜 여기 계세요?"

"너희 아버지 매일 출근하는 곳 아니가! 김 양인지 먼지 매일 그년 보러 가는 거 아니가."

"이 할망구가 머라 카나. 그냥 심심하니까 커피 한잔하러 나오는 거지."

참 묘한 기분이다. 두 분 모시고 점심 식사를 하러 가려는데 다방에 들어가 노인네들 커피 한 잔씩 사 주고 나오란다.

식사를 하면서 장인어른 말씀이 요즘 노인네들 경로당도 심심하고 잘 안 가신단다. 그래서 3km 정도 떨어진 면사무소가 있는 다방까지 걸어서 가자니 멀고 택시를 불러 가자니 하루 이틀도 아니고 택시비가 만만치 않더란다. 다행히 객지 나간 자식들이 효도한다고 전동차를 사 주니 바람이 불어 너도나도 다 구입하여 타고 다니게 되었다고 한다.

그곳에 모여 아침 10시면 출근해서 몇 사람이 순번대로 돌아가며 포항에 있는 죽도시장에 가서 회도 드시고 호사를 하신단다. 교통편은 커피 배달하기 위해 사용하는 승용차를 다방 아가씨나 주인에게 시간당 만 원씩 티켓을 계산하고 타고 나가 다섯 분이 얼마씩 내어 하루를 이렇게 보내신다니 현명한 방법인 듯하다. 이렇게 보내는 즐거움이 건강에도 좋은 모양이다.

이런 영업을 하는 다방이 면사무소 주변에만 10곳이나 되는 듯하다.

나의 바람은 100세까지 사십사 하는 마음인데 이게 진심인지 내 마음 나도 모르겠다.

요즘에는 건강이 안 좋으셔서 그 꽃다방도 못 다니신단다. 숨쉬기가 어렵다고 집에 누워만 계신다.

가끔 안부전화를 하면 잘 알아듣지도 못하신다. 청력도 안 좋으신 모양이다.

장모님도 치매가 와 바우처에서 도움을 주곤 한다.

옛 추억이 되었지만 당신의 둘째 딸만큼은 중매로 짝을 맺어주시겠다고 입버릇처럼 말씀하셨다고 한다. 내가 인사차 청량리역에서 밤 11시 열차를 타고 태백 황지까지 내려가니 새벽 3시 정도 되었을까?

인사도 안 받고 뒤돌아 앉으시며 사내자식이 저래 약해서 어디에 쓰겠냐고 반대하시던 기골장대한 장인어른의 모습은 이제 찾아볼 수가 없다. 세월의 무상함이 야속하기만 하다. 언제 이 세상을 떠나실지 불안한 나날이지만 자주 찾아뵙지도 못한다.

마누라는 이제 자식들에게 부담 주지 말고 빨리 두 분 다 돌아가셔야 한다고 투덜댄다. 그 말이 진심은 아니리라. 그저 푸념이리라.

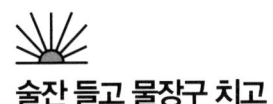
술잔 들고 물장구 치고

어제까지만 해도 한낮의 기온이 숨이 턱턱 막히더니 그래도 절기상 말복이 지나고 보니 시원하게 불어오는 바람이 지열을 식히며 코끝이 찡하도록 상큼하다.

요사이는 휴가며 휴일을 제대로 소화하는 것 같다.

친구가 산악회 회원들과 같이 충북 제천에 있는 「박하사탕」 장면 촬영지인 백운산으로 산행을 온단다.

제천에 있는 친구와 시간에 맞춰 목적지에 도착해 친구들을 만났다. 모처럼 보는 친구들이 반갑기도 하고 이 무더위에 산행이라니 걱정도 된다. 챙겨 온 싱싱한 포도 한 박스를 정성스레 차에 실어준다. 고마운 친구의 푸근한 마음이 느껴진다. 마치 사위 챙기는 장모님처럼….

각자 백운산과 십자봉 등반을 시작하고 우리는 덕동계곡 개울가로 내려가 음식을 준비했다.

차가운 계곡물에 발을 담그며 소주잔을 기울인다. 각자 준비해 온 부침개며 돼지껍질에 이것저것 넣어서 만든 잡탕 비빔밥을 컵에 담아 우선 허기를 달랬다.

불행하게도 발을 수술한 제천 친구는 물에 들어올 수가 없어 물가 근처에 돗자리 깔고 그저 눈으로만 시원함을 즐겼다.

여기저기서 장난기가 발동하니 물장구치고 물을 끼얹으며 물장난하는 모습이 영락없이 어릴 적 개구쟁이다.
세월이 흘러 희끗희끗 백발의 모습이 동심으로 돌아간 듯하다.
한 줄기 바람이 시원하다 못해 초가을 날씨다.
물속에 있으려니 춥다. 그저 이럴 때는 소주가 최고다. 이 사람 저 사람 풀어놓는 음식이 진수성찬이다. 손수 장만해 온 메밀묵이며, 고사리나물, 파김치, 등등….

이곳 덕동계곡은 충북 제천시 백운면 덕동리에 위치한 백운산과 십자봉에서 발원하여 원덕동까지 흐르는 계곡으로 아름다운 기암과 울창한 숲이 절경이다. 항상 물이 마르지 않고 흐르는 자연의 숨결이 장관이다.
주변에 성지순례지인 배론성지는 1801년 순교한 황사성이 조선의 천주교 박해를 알린 곳으로 유명하다. 1855년에는 우리나라 최초의 성요셉 신학교가 설립되어 사재를 양성하던 장소이기도 하다.
배론성지란 골짜기가 배 밑바닥처럼 생겼다 하여 배론이라고 하였고 이곳에 세워진 성당도 배를 형상화하여 지은 곳이라 한다.

물속에서 연신 주고받는 술잔의 횟수가 취할 만도 한데 모두 멀쩡하다. 싱그러운 숲과 맑은 계곡물에서 청량한 공기와 함께하니 술도 취하는 걸 멈춘 것 같다.
산행에 참여했던 일행이 돌아오고 계곡이 사람들의 움직임으로 왁자지껄하다.
우리는 뒤풀이 장소인 인근 민가로 들어가 넓은 평상에 피곤한 몸을 뉘었다.

태영이 전화

오늘도 그저 결재서류의 집행과 미결 처리된 현장의 현황 보고 내용 검토 후 집행이다. 항시 반복되는 일과다.

늘 여유 있게 내 개인적인 일도 병행해야겠다는 생각으로 임하지만 일머리는 두서가 없다. 이것저것 서류를 검토하고 결재를 하는데 휴대폰의 벨 소리가 조용한 사무실 분위기를 흔들었다.

이른 아침에 반가운 친구의 안부 전화다. 초등학교, 중학교를 같이 나온 친구 태영이다.

"어쩐 일이고, 아침 일찍부터…."

"너한테 놀러 가려고 하는데 바쁘지?"

"나야 늘 매여 있는 몸 아니니. 휴가는 갔다 왔고?"

"매일 집에서 먹고 노는데, 무슨 휴가가 따로 있겠어."

"그래도 먹고 노는 신세라도 너는 연금 몇백씩 타고 능력 있잖아."

주택공사에서 설비팀장으로 대전 지역 총괄본부장 직함을 지내고 퇴직한 친구다. 집에서 마누라 눈치 보며 하루 이틀 지나다 보니 이제는 만성이 되었다며 너스레를 떨었다. 이곳저곳 소일거리로 인생을 즐기고 있는 능력 있는 친구였다. 그런데도 현직에서 일하고 있는 내가 부럽다고 한다.

어쨌든 이 친구가 10월에 친구들 부부 동반으로 중국으로 여행을 가자고 한다. 중국의 이곳저곳 다 갔다 왔지만 태항산이라고 작년에 첫 관객을 받았으니 좋은 곳이라고 기회를 잡아보란다.
"알다시피 나는 회사에 매여 있잖니."
"친구가 일하나? 관리만 하는데 3박 4일 그 시간도 못 내나?"
"내가 없으면 회사가 안 돌아가니 어쩔 수가 없네."
내가 없으면 정말 회사가 안 돌아갈까마는 괜히 궁색한 변명을 한다.
"태영아 미안하다."
"야, 회사 그만둬도 먹고사는 데 지장 없는 놈이 무슨 충성이냐? 너나 나나 자식 하나 결혼시켜 돈 들어갈 일 없는데 연금 타고 여유 있는 놈이 무슨 일만 죽어라 하냐?"

친구야. 의식주 해결하려고 퇴직하고 다시 직장 잡아 돈 벌러 다니는 거 아니다.
나도 쉬고 싶고 너희들과 어울려 여행도 다니고 싶지만, 일이란 기회가 있을 때 잡아야 해.
내가 이 나이에 퇴직해서 나가면, 놀고 즐기는 것도 몇 개월 몇 년이겠지. 그 후 무료한 내 생활을 어찌 다 감당하겠니?
지금 그만둘까 해도 첫째는 용기가 없고, 결단을 내릴 수 있는 기회와 핑계가 없어서 못 하고 있단다.
둘째는 규칙적인 내 생활이 무너져 나의 삶이 파괴될까 봐 두려움이 앞서서 못하고 있음을 너는 알 텐데….
어쨌든 나는 너희들의 사회 적응 능력을 부러워하고 있음을 알아다오.

회사가 경영 면에서 어렵고 내가 퇴사하므로 회사에 경제적인 도움이 된다면 언제든 명분을 내세워 자랑스럽게 너희들의 박수 받으며 곁으로 갈 수 있겠다.

아직은 이 회사가 나를 필요로 하니 내가 회사에 기여할 수 있는 기회가 있다는 걸 핑계로 위안 삼아 더 열심히 일한단다. 어느 때는 나 자신이 부끄러울 때가 있다.

거래하고 있는 한국전력이나 철도공사 외 일반기업의 현장 대리인으로 서류를 제출하고 현장에 상주할 때가 있다.

자식 같은 젊은 감독들을 나는 업무적으로 대하지만 그들인들 부모 같은 연배의 나를 현장에서까지 상대해야 하는 그 마음에 불편함이 없을까. 그래서 내가 더 실수 없게 나의 경륜으로 축적된 기술력을 그들에게 보여주어야 하는 소명감이 있음을 실감하게 된다.

어쩜 나를 정당화하기 위한 방패의 벽이겠지만 그래도 이런 스스로의 위안을 핑계 삼아 좀 더 있어야 할 것 같다.

어느 날 나에게도 아마 퇴직이라는 단어가 가까워 왔음을 느꼈을 때 나는 조용히 너에게 자문을 구하련다. 실업자로 사회에 첫발을 내딛는 나에게 세상 사는 방법을 너만의 비법으로 전수해 주렴. 그때는 열심히 너의 뒤꽁무니라도 쫓아다니며 배울 거야.

친구야, 좋은 곳 구경하고 친구들 우애 오래오래 간직하고 잘 다녀오기 바란다.

걱정 마라. 요즘 나는 마음의 준비를 서서히 하고 있음이다. 명분, 결단, 용기를 낼 때가 얼마 안 남은 것 같은데, 나이 칠십 전에는 그렇게 되지 않을까?

그림엽서

　퇴근 후 그동안 만나지 못한 친구들과 저녁 식사를 마치고 들어오다가 아파트 우편함에 주민세와 GAS 요금 고지서가 눈에 띈다. 그걸 챙기면서 안쪽을 살피니 엽서 한 장이 보였다.

　현관의 스위치를 올리고 먼저 불빛에 엽서의 발신자를 확인하니 SEI 유치원 '조서윤'이라고 쓰여 있다.
　손녀가 보낸 엽서다. 이렇게 반가울 수가….

　'할아버지 할머니께.
　오래오래 지내요. 사랑해요. 조서윤 올림'

　코끝이 찡하다. 그림엽서다.
　벌써 자라서 내게 엽서로 안부를 보내오다니….
　얼른 영상통화를 했다.
　"할아버지 엽서 받았어요? 유치원에서 보고 싶은 사람에게 보내라고 해서 보냈어요."
　아마 할아버지의 전화를 기다렸나 보다.

"서윤아, 할아버지가 내일 답장 보내줄게."

옆에서 며느리가 덧붙인다. 유치원에서 교육 과정의 한 단계로 편지 쓰기를 했는데 할아버지 할머니 주소를 묻더니 그림엽서를 좋아하는 할아버지께 보냈단다.

살기 바빠 편지와 엽서란 단어에서 멀어졌던 메마른 감성을 일깨워 준 손녀에게 내일은 우체국에 가서 예쁜 그림엽서 한 장으로 답신을 보내야겠다.

바람의 연주

 제천에서 살다 보니 월악산을 찾았던 일이 있다. 월악산 영봉을 향하는 길옆에 작은 사찰 하나가 있다.
 여주의 신륵사가 유명한 탓에 같은 이름의 이 절을 찾는 이들은 그리 많지 않다고 한다. 하지만 이 절에는 귀중한 문화재와 수수께끼 같은 이야기가 전해온다.
 우선 보물 1296호로 지정된 삼층석탑과 충북 유형문화재 123호인 조선 후기 양식의 극락전이 있다. 그리고 이 극락전 내외 벽에 그려진 벽화와 단청이 유형문화재 301호로 지정되어 있다. 건물에 그려진 벽화와 단청이 건물과 별도로 문화재로 지정되는 경우는 매우 드문 일이라고 한다.
 월악산 자락 영봉을 향하는 길목에 단아하게 자리 잡은 고즈넉한 사찰은 어떤 비밀을 품고 있을까?

 월악산 영봉(1094m)은 국립공원 월악산의 주봉이자 정상이다. 영봉을 가진 산은 백두산과 이곳 월악산 두 곳뿐이라고 한다. 영봉(靈峰)은 국사봉(國師峰)이라고 불리었다고 한다. 지상에서 가장 신선한 곳이고 천신이 하강하는 신산(神山) 마루라는 뜻을 담았다.

이곳은 국태민안을 빌었던 신성한 장소로 여겼다. 구사당은 원래 월악산 수경대에 있었는데 고려 때 몽골군이 피난민을 추적해 왔지만 갑자기 천둥 번개가 치자 월악산의 조화라고 여기며 물러갔다는 전설이 전해지고 있다.

삼국시대까지만 해도 해도 달의 형상을 닮아 월형산으로 불렸다고 한다. 월형산이 언제부터 월악산으로 바뀌었는지는 알 수 없다.

고려 때는 '와락산'으로 불리기도 했다고 전해오는데 왕건이 고려 도읍을 정할 때 개성의 송악산과 이곳 월형산을 두고 고심 끝에 개성으로 도읍을 정하는 바람에 도읍의 꿈이 '와락' 무너졌다는 이야기도 전해온다.

그러고 보면 월형산과 와락산의 발음과 뜻을 절충해 지금의 월악산으로 이름이 바뀌지 않았을까 하고 나는 짐작을 한다.

월악산 신륵사(神勒寺)는 신라 진평왕 4년(582년)에 아도화상이 처음 지었다고 전해오지만 확실한 것은 아니라고 한다.

그러나 훗날 문무왕(재위 661~681년) 때 원효대사가 고쳐 지었고 고려 공민왕 때 무학대사가 다시 지어 오늘에 이르렀다고 전해지고 있다.

절에 남아 있는 석탑과 석재 및 극락전 등을 감안할 때 신라 말, 혹은 고려 초에 절이 지어져 있었던 것이라는 설도 있다.

6·25 전쟁으로 쇠락한 신륵사는 근래에 다시 불사를 이어가고 있다. 마당에 단아하게 서 있는 석탑은 보물 1296호 신륵사 삼층석탑이다.

통일신라의 석탑 양식을 잘 이어받은 고려 전기의 탑이다. 특히 이처럼 머리 장식(상륜부)이 잘 보존된 예는 아주 드문 편이다.

1981년 이 석탑을 해체하고 복원할 때 기단 내부에서 흙으로 빚은 소형 토탑 108개와 각각 양식이 다른 금동 사리함 조각들이 발견되었다고 한다. 이 유물은 청주박물관에 보존되어 있다고 한다.

싱그러운 바람과 상쾌한 새소리를 들으며 신륵사에 들어서면 바람과 물고기가 만들어 내는 풍경소리가 고색창연한 극락전의 고요를 흔들어 놓는다.

오랜 세월 자리를 지키며 세월의 풍파를 고스란히 감내해 온 의연함이 느껴지는 건물인 듯싶다.

이 건물 안팎에 그려져 있는 벽화는 모두 136점인데 내용은 아주 다양하다.

장수, 부귀, 복록 등을 주제로 한 그림이 대부분이지만, 중국 고사나 소설의 내용을 소재로 한 그림도 있다. 또한 탱화에서 볼 수 있는 도상이나 신종의 계보를 이은 조사들의 일화도 표현하고 있다. 이처럼 다양한 주제들이 신륵사 벽화에 새겨진 연유는 무엇일까?

"신륵사 극락전 벽화의 표현이 다양하다. 어쩌면 사찰과 관련 없을 것 같은 이 그림들은 사람들에게 여유와 해학을 주기 위한 화원의 재치이기도 하다. 또 일반 대중이 사찰과 가까워질 수 있는 계기를 마련해 주는 점도 없지 않다"고 신륵사 극락전 벽화를 연구한 학자들은 말한다.

외부의 벽화는 200여 년의 세월을 겪어내느라 심하게 퇴색되어 상당 부분이 보채 및 개채로 인해 원래의 모습을 파악하기 어렵다.

극락전 외벽에 그려진 벽화 중 사명 대사행 일본 지도는 우리나라에서 이곳에 유일하게 남아 있다고 한다.

임진왜란 때 승병을 이끌며 싸웠던 유정(사명대사)의 벽화에 등장하는

98명의 인물과 13필의 말이 벽화 상단에 성곽의 휘장과 함께 그려져 있다.

　월악산이 품은 고즈넉한 사찰 신륵사에서 국난 극복에 몸 바치고 호국 외교, 문화 외교의 사절로 일본을 굴복시킨 고승 사명대사의 숨결을 만난다. 영험한 기운이 서린 월악산 영봉 아래 지금은 한적하기만 한 사찰이다. 신륵사의 벽화와 단청은 극락전과는 달리 별개의 지정을 받을 만큼 뛰어난 예술적 가치와 문화재 가치가 높게 평가되고 있다. 충북에서 지정된 유일한 단청 및 벽화가 문화재로 지정된 것이다.

　단청 자체가 문화재로 지정된 사례는 울산의 신흥사 구 대웅전 단청 반자 외에는 없다고 한다. 조선 시대 어느 화공이 이 산사에 머물며 이토록 정성과 공을 들여 단청을 넣고 벽화를 그렸을까? 세월에 바래면 신화가 되고 달빛에 물들면 전설이 된다고 했던가. 숱한 비밀을 간직한 산사에서 바람이 연주하는 맑은 풍경 소리가 은은하게 퍼져 나간다.

작품해설

그리운 것은 날개가 있다

임영희 詩人

  지나간 것은 그리움을 수반한 추억이 된다. 그것이 설사 아픔과 미움으로 점철된 대상이라도 오랜 세월이 흐르면 아련한 그리움이 스멀거리며 눈앞을 스쳐 간다. 나이가 들어 목적지가 보이는 지점에 닿은 사람이라면 더 절실하게 그리워 닿을 수 없음에 안타까워 눈물짓는다.
  내가 태어나고 자란 유년의 고향과 부모 형제가, 소꿉놀이 친구들이 간절하게 그립고 보고 싶을 것이다. 그중 어머니라는 존재를 단연코 1순위에 올려놓는다.
  세상에서 가장 아름다운 단어는 '어머니'이고, 가장 아름다운 부름은 '우리 엄마'라고 칼릴 지브란(Khalil Gibran 1883-1931)은 정의한다.
  어머니는 우주의 모든 것을 품은 함축된 단어이기도 하다. 잊은 듯 살다가도 가장 힘들거나 절망적일 때 우리는 전지전능한 신 앞에서 어머니를 먼저 찾는다. 이런 의미에서 조종길은 어떤 만질 수 없는 대상을 가정해 놓고 늘 그를 그리워하며 다가갈 수 없음에 안타까워하는 일탈을 반복하고 있다. 그 대상이 어머니일 수도 있고 또는 아내일 수도 있겠다. 그것도 아니라면 애틋한 연정을 품고 혼자만의 가슴앓이를 할 수밖에 없는 손이 닿지 않는 곳에 있는 구름 같은 여인일 수도 있겠다.

어쨌거나 슬플 때 위로가 되고, 절망했을 때 희망이 되며, 주저앉고 싶을 때 손 내밀어 주는 대상이라면 그런 가공의 연인 하나쯤 설정해 놓고 볼 일이다.

작품 곳곳에서 작가는 자신이 걸어온 내력을 투명하게 서술하고 있다. 우리는 갈대숲이 보이는 언덕의 찻집에서 그가 쏟아내는 진솔한 고백 몇 편에 귀 기울이며 향 좋은 따뜻한 커피 한잔 즐기면 될 일이다.

한국전력공사의 설명에 따르면 번개가 한 번 내리칠 때 발생하는 전기 에너지는 100W짜리 전구 10만 개를 약 1시간 동안 켤 수 있는 전력량, 즉 1시간당 1만 kWh와 같다고 한다. 하지만 이러한 번개를 전기 에너지로 사용하려면 반드시 해결해야 할 세 가지 문제가 있다고 한다.

첫 번째, 번개는 빠르게 사라지기 때문에 꾸준한 전력 생산이 불가능하다는 것이다. 실제 번개의 지속 시간은 최대 100분의 1초 정도로 매우 짧다.

사람이 세운 발전소를 대체하려면 1분에 한 번 이상은 벼락이 쳐야 된다고 한다.

두 번째는 번개 에너지를 붙잡아서 저장하기가 어렵다는 점이다. 번개 에너지를 온전하게 잡기 위해선 전기저항이 0에 가까운 초전도 저장 장치가 필요하다. 하지만 이런 저장 장치는 현재 우리의 과학 기술로 생산이 불가능하다.

마지막으로, 벼락이 칠 위치를 예측할 수 없다는 것이다. 벼락이 일정한 장소에 친다면 그곳에 발전소를 세울 수 있는데, 최신 기상 기술로도 장소 예측이 불가능하다.
「천둥 번개의 가치」 중에서

전기 공학도답게 작가는 천둥과 번개의 가치에 대하여 얼마나 될까 반문하고 있다. 공짜로 그걸 이용할 수 있다면… 두 눈이 화등잔만 하게 잔뜩 호기심을 불러일으킨다. 그러나 1분에 한 번씩은 벼락이 쳐야 하고 번개를 붙잡아 저장할 수 있어야 한다고 불가함을 진단하고 있다. 번개 에너지를 온전하게 잡기 위해선 전기저항이 0에 가까운 초전도 저장장치가 필요하니 현재 우리의 과학 기술로 생산이 불가능하다고 정리한다. 마지막으로 벼락이 칠 위치를 예측할 수 없으니 일정한 장소에 발전소를 세울 예측이 불가하다고 허무한 결론을 내놓는다.

겨울 방학이 되면 우리는 참새 잡는 일로 시간을 보냈다. 잡는 방법은 다양했다. 헛간 초가지붕 처마에 구멍을 뚫고 들어가 손을 쑥 집어넣어 잠자는 참새를 잡았다. 잡힌 참새를 받아 들면 따뜻한 깃털을 입은 작은 목숨이 손바닥 안에서 파닥거렸다. 재미를 느낀 나와 동생은 기구를 이용하기 시작했다.
탄성이 좋은 참싸리 나뭇가지를 구부려 벼 이삭을 매단 덫을 짚단 더미 위에 놓았다. 어느 날은 삼태기를 세워두고 그 안에 나락이나 쌀을 놓아두고 참새가 들어오길 기다렸다. 그러나 이런 방법으로는 약삭빠른 참새를 쉽게 잡을 수 없었다. 어쩌다 걸려든 참새들을 아궁이 잉걸불에 구워 껍질을 벗기면 기름기가 전혀 없는 빨간 속살이 나왔다. 내장을 제거하고 바싹 구운 참새를 뼈까지 오독오독 씹으면 맛이 좋았다. 참새 다리 하나를 얻어먹는 날에는 내 키도 부쩍 자라는 것만 같았다. 얼마나 맛이 좋으면 참새 다리 하나를 소 한 마리와도 바꾸지 않는다고 했을까.

「참새구이」 중에서

동시대를 함께 건너온 우리들의 추억담이다. 참새들이 조잘대며 모이를 쫓다가 날이 저물면 잠자리를 찾아 초가집 처마의 서까래 속으로 숨어들었다. 남자애들이 사다리를 놓고 올라가 팔뚝을 쑥 집어넣어 잠든 참새를 꺼냈다. 잠자다 졸지에 목숨을 잃는 참새들이 가엾다는 생각을 한 기억은 없다. 그저 목표물이 손에 잡히는 것에 정신이 팔렸고 흐뭇했었다. 작가는 어린 날의 기억을 또렷이 간직하고 있다. 그 기억의 저편에 고스란히 간직한 그리운 고향의 부모 형제와 유년 시절의 영상을 아름답게 펼쳐놓고 있는 것이다. 여름이면 냇가에서 훌러덩 옷을 벗어 던지고 풍덩 뛰어들어 물장구치며 놀던 친구들이 그리운 것이다. 멱을 감고 물고기를 잡으며 놀던 친구들이 하나둘, 영면에 들었다는 부고를 접하는 나이가 되었다. 하여 어린 날의 추억은 더없이 애틋하고 애달픈 것이다.

"얼마나 맛이 좋으면 참새 다리 하나를 소 한 마리와도 바꾸지 않는다고 했을까."

어쨌거나 그 가난한 시절에 실낱같은 참새 다리 하나를 소 한 마리와 바꾸지 않을 사람이 실제로 있었을까 하는 점은 의문으로 남는다.

언제인가 어떤 친구가 자기 것 옆에 두고 남의 것 욕심내려는 사람들의 심보가 보기 싫다고 핀잔을 하던 기억이 난다. 줏대 없이 마음만 좋아서 이 사람 저 사람에게 전화해서 외롭네. 심심하네. 쓸데없이 주접떨며 기웃거리는 것이 얼마나 추하게 보이는지 모르는가 보다고 한다. 외로움도 혼자 즐길 줄 알아야 한다고, 어차피 인간은 결국 혼자일 수밖에 없는 거라고 한다. 어퍼컷 한 방으로 제압을 당한 것이다. 아찔했다.
"남의 밥그릇 넘보지 말고 내 밥그릇 잘 있는지 자나 깨나 살펴보자."
자식들 생각해서 주책 떨지 말고 마음을 나눌 수 있는 진정한 친구를 찾아 대화하며 남은 시간을 보람되게 보내라고 한다. 백번 옳은 말씀이다.

「내 밥그릇 챙기기」 중에서

아마 친구에게 전화를 걸어 외롭다고 하소연을 한 모양이다. 그러나 그 친구는 함께 놀아주는 대신 뼈아픈 충고를 한다.
진정한 친구는 이렇게 바른말로 우정 어린 충고도 할 수 있어야 한다. 위로한답시고 부화뇌동해서 쓸데없이 술이나 푸고 여기저기 전화 걸어 노닥거려 봐야 아무런 실익이 없다. 말실수로 체면 깎이고 속도 쓰리고 술값 아깝고… 술 깨고 나면 후회가 밀려오는 일이 다반사다. 외로움이나 허전함도 혼자 해소할 줄 아는 노년의 지혜를 발휘해야 한다.
모처럼 시간이 나 외로움이 스멀거리면 옷차림을 편하게 한 다음, 가까운 서점이나 도서관을 찾을 일이다. 평소 읽고 싶었던 시집이나 수필집 한 권 골라 독서에 몰입하다 보면 거기가 바로 지상 낙원이다. 각자의 취미 생활로 여가를 즐기는 것이 노년의 삶을 보다 풍요롭고 윤택하게 가꾸어 줄 거라 믿는다.

    나는 데스크로 달려가 왜 이리 병원 분위기가 소란스럽냐고 항의해 본다. 환자분이 오신 지 얼마 되지 않아 그렇다고, 내일모레면 성향별로 이동하니 조금만 참아달라고 한다. 아울러 조용한 병실로 옮겨가실 거라고 안심하라고 한다.
    어쩌겠는가?
    아버지 계시는 침대 곁으로 돌아와 가만히 아버지의 손을 쥐어본다. 아무런 반응이 없다.
    나는 세상에 할 일이 이것밖에 없는 듯 정성을 다해 아버지의 손을 꼭 주물러 드린다.
    눈 감고 말문마저 닫은 아버지, 아버지는 양로원이 싫다고 온몸으로 말씀하시는 것이다.
    다섯 자식을 평생을 바쳐 애지중지 끌어안고 건강하게 키워내신 아버지가 이제는 자식들이 자신을 버렸다는 모멸감으로 절망하고 계신 것이다.

「아버지의 종착역」 중에서

    어머니를 먼저 보내고 아버지마저 자리에 누우셨다. 부모 공경을 최고의 미덕으로 삼던 시대가 바뀌어 이젠 요양원이 노인들의 마지막을 보살피는 세상이 되었다. 저 살기 바쁜 자식들이고 예전처럼 효의 진가는 중요하지 않을지도 모른다.
    시부모를 모시지 않으려는 며느리 때문에 수많은 가정이 파괴되는 갈등의 요인이 되기도 한다. 눈부시게 발전한 세상은 부의 축적과 더불어

이기적인 개인주의로 철저하게 탈바꿈했다. 어쩌면 사회적 구조와 시스템이 그렇게 변화했는지도 모른다. 모든 걸 바쳐 자식을 뒷바라지했으나 자식들은 병든 부모를 보살필 준비가 전무한 것이다. 현명한 노인이라면 재빨리 알아차리고 먼저 효도받기를 포기하면 서로 마음 다치는 일이 덜할 듯하다. 작가는 내심 병원을 싫어하시는 아버지의 속마음을 알아차리고 가슴 아파한다.

> 이맘때면 어머니는 우리 밭둑에 있는 뽕나무에 뽕잎은 긴급 양식으로 남겨두고 멀리 산 뽕을 따러 가시기도 했다.
> 해거름에 어머니 마중을 나가 기다리다 보면 신작로 끝자락에 사람은 보이지 않고 큰 보퉁이가 둥둥 떠오는 것처럼 보인다. 머리에 산더미 같은 큰 보퉁이를 이고 손에도 작은 보자기에 뽕잎을 들고 오신다. 아버지가 마중을 가시면 큰 보퉁이를 받아 지게에 지고 오시지만 나는 어머니 손에 들린 작은 보따리를 받아 메고 오는 것도 힘들었다.
> 누에의 변신은 끝이 없다. 잠자고 허물 벗고 그렇게 네 번의 과정을 거치며 성장하여 왕성하게 뽕잎을 먹다가 먹기를 뚝 그치고 고치 지을 준비를 한다.
> 소나무 가지를 잘라다가 방 안 가득 세워주고 누에를 바닥에 놓아주면 솔잎으로 올라가 하얀 실을 뽑아 고치를 짓는다. 스스로 집을 짓고 들어가 번데기가 되는 모습은 참으로 경이롭게 보였다.
> 「뽕잎의 추억」 중에서

온 식구들이 협력을 하지 않으면 안 되는 일이 그 시절 농촌의 누에치기였다. 식구들을 위하여 돈을 벌기 위한 어머니의 헌신이 눈물겹게 묘

사되어 있다. 자식을 위한 일이라면 자신의 목숨도 기꺼이 내놓을 수 있는 지극한 모성애가 작가의 기억 속에 생생하다. 어쩌면 누에가 뽕잎을 갉아 먹고 자라나듯 우리 모두는 그런 어머니를 갉아먹고 성장한 것은 아닌지 눈시울이 뜨겁다. 큰 보따리를 이고 들고, 어두운 신작로 저쪽에서 타박타박 지친 발걸음을 옮기시는 어머니를 마중하던 작가의 어린 시절이 아프면서도 아름답게 빛난다.

세상에서 가장 아름다운 그림을 감상하는 감동이 확 밀려온다. 이런 어머니의 존재 가치로 모진 가난 속에서도 바르게 성장해 세계가 인정하는 한강의 기적을 일구어 낸 우리 모두의 쾌거가 아닐까 한다.

그 친구 집 근처에서 누에고치 매입을 하는 집하장이 생겨 일주일간 행사가 열리게 되었던 것이다.
아침 10시부터 시작하는 행사가 밤 10시까지 진행되었다. 마지막 날 토요일 늦은 저녁이었다. 친구들과 구경을 갔는데 마침 이 친구도 혼자서 누에고치 매매 품평회를 관람하고 있었다. 친구들이 빨간 가방 혼자 있으니 어서 가보라고 등을 떠밀며 짓궂게 놀려댔다.
떠들썩한 친구들의 장난에 이 친구도 눈치를 채고 창피한 듯 서둘러 자리를 떴다.
나는 용기를 냈다. 급히 그의 뒤를 따라가 인사를 하니 놀란 토끼처럼 잔뜩 경계하며 바삐 발걸음을 옮겼다. 나도 그의 뒤를 따라나섰다. 누가 보기라도 하면 어쩌나 걱정하며 인적이 없는 둑길로 걸어갔다. 이 친구가 체념한 듯 걸음을 멈추고 여기까지 왜 따라왔느냐고 반문한다.
2년 만에 나누는 우리들의 첫 대화였다.

어디서 이런 용기가 생겼는지 '너 보러 왔다'고 한마디 내뱉었다. 당돌한 말에 잠시 놀란 듯했으나 거리를 좁혀 멋쩍고 어설픈 대화가 오갔다.

「내 소녀 어디 갔을까」 중에서

누군들 첫사랑이 그립지 않을까마는 이성과 처음 마주했던 그 떨림의 순간을 기억하면 지금도 가슴이 뛰고 벅차오른다. 풋사과처럼 상큼한 단발머리와 까까머리 시절의 추억에 남아 있는 '첫사랑'은 생각만 해도 가슴 설레는 달콤한 단어다.

「내 소녀 어디 갔을까」, 이 작품은 첫사랑에 눈뜬 사춘기 시절의 순정한 기록이다. 작가는 소녀를 마음에 두지만 오랫동안 가슴앓이로 시간만 흘려보냈다. 시골은 도시와 달라 웬만하면 어느 마을 누구의 자녀라는 걸 다 알고 지낸다. 가정 형편이 좋지 않아 상급 학교에 진학을 포기한 소녀 때문에 애끓는 소년의 감정이 가감 없이 표현되어 있다. 흡사 황순원의 원작 『소나기』를 빼닮았다.

오랜 세월이 흘러 작가는 중학교 동창 자녀의 결혼식장에서 그녀와 해후(邂逅)한다. 콩닥거리는 가슴으로 그녀와 마주한 작가는 그녀가 걸어온 삶의 여정이 결코 순탄하지 못했음을 빛을 잃은 얼굴 표정이나 차림새로 미루어 짐작한다. 그녀의 아버지께 뺨까지 맞으며 소중하게 키웠던 첫사랑이 행복하길 바랐던 작가는 여지없이 가슴이 미어졌으리라.

흔히 첫사랑은 애써 찾는 게 아니라고 한다. 그대로 아름답게 추억으로만 간직할 충분한 가치가 있다고 한다. 풋풋한 소년과 소녀로 반짝반짝 빛을 발하던 그 시절은 이미 흘러갔다. 초로(初老)에 진입한 현실을 망각하고 뻔뻔한 아줌마로, 아저씨로 눈앞에 나타나면 충격을 받고 실망하면서 돌아온다고 한다. 자기 변한 건 모르고 상대방만 변했다고 오해하기 십상이다. 작가도 변모한 그녀를 보면서 예전의 설렘과 애틋함은 완전히 사라졌으리라. 그러나 피장파장이니 함께 늙어가는 길동무면 족하지 않을까 싶다.

이상 몇 편의 작품을 살펴보았다. 흘러가는 시간은 때때로 마법 같은 순기능의 역할을 담당한다. 당시는 지긋지긋하던 일상(日常)도 일정 세월이 흐른 후에는 아름답게 치장을 하고 그리운 추억이 되어 무지개다리를 건너오며 손짓을 한다. 세월이 약이라는 말처럼 아무리 틀어진 사이라 해도 철천지원수가 아닌 담에야 용서 못 할 일도 없는 것이다.

작가는 상당 분량의 작품 속에서 아버지와 유년 시절에 천착하며 상념에 젖는다. 때로는 입가에 미소를 지으며 행복에 겨워 콧등 찡한 여운(餘韻)에 젖어 들기도 한다.

지독한 가난으로 점철된 고향의 어린 시절이었다. 그러나 오염되지 않은 토양 위에서 몸과 마음을 양육해 준 지주(支柱)로 남아 든든한 버팀목이 되어준다. 작가에게 아버지와 고향은 난관에 부딪혀 불안하게 흔들릴 때마다 안정감을 불러오는 커다란 정신적 자산이라 할 것이다.